温尼科特心理治疗经典译丛

人类本性

HUMAN NATURE

原著　D. W. Winnicott

译者　卢　林　王晓彦　张沛超

北京大学医学出版社

RENLEI BENXING

图书在版编目（CIP）数据

人类本性 /（英）温尼科特（Winnicott）原著；卢林，王晓彦，张沛超译．—北京：北京大学医学出版社，2019. 10（2023.12 重印）

书名原文：Human Nature

ISBN 978-7-5659-2047-9

Ⅰ. ①人…　Ⅱ. ①温… ②卢… ③王… ④张…　Ⅲ. ①人性－研究　Ⅳ. ① B038

中国版本图书馆 CIP 数据核字（2019）第 180440 号

北京市版权局著作权合同登记号：图字：01-2014-4679

人类本性

译　　者： 卢　林　王晓彦　张沛超
出版发行： 北京大学医学出版社
地　　址：（100191）北京市海淀区学院路 38 号　北京大学医学部院内
电　　话： 发行部 010-82802230；图书邮购 010-82802495
网　　址： http://www.pumpress.com.cn
E-mail： booksale@bjmu.edu.cn
印　　刷： 中煤（北京）印务有限公司
经　　销： 新华书店
责任编辑： 董采萱　**责任校对：** 靳新强　**责任印制：** 李　啸
开　　本： 880 mm × 1230 mm　1/32　**印张：** 6.5　**字数：** 140 千字
版　　次： 2019 年 10 月第 1 版　2023 年 12 月第 2 次印刷
书　　号： ISBN 978-7-5659-2047-9
定　　价： 55.00 元

中文版序一

最温柔的男人

温尼科特（D. W. Winnicott）让我想起精神分析中的一个解释：为什么世界顶级大厨鲜有女性？因为厨房和食物是乳房的象征，而早期的男女都是需要母亲的乳房的，后来女性自己有了乳房，而没有乳房的男性怅然若失，特别是那些早年缺乏母爱的孩子，更是心神往之。对于男性，一个解决之道就是立志到米其林星级餐馆当大厨去，为各路饕餮提供鲜美食物，因为厨房本身就是个硕大的乳房的意象。

温尼科特对母婴关系的观察细致入微，有如上面男性大厨与乳房的关系，在我看来也是有着类似象征意义的。他本人先是当了多年的儿科医生，然后开始了精神分析的训练，接受弗洛伊德弟子斯特拉齐（John Strachey）和里维埃（Joan Riviere）的分析。所有这些训练并没有让他停留在经典的弗洛伊德理论中，也没有使他陷在当时自我心理学的包围之中，他根据自己的临床实践提出很多有实际意义的见解，发展出客体关系理论中极富特点的理论。比如，被视为病理性的"退行"在他看来却是治疗的契机，他打破传统精神分析的"节制"，对儿童进行治疗时根据治疗的需要接触儿童（拥抱）或者延长治疗时间。他还制造出许多我们现在经常挂在口头上的名词，比如"刚刚好的母亲”（good enough mother；曾奇峰的翻译，我极同意）、“过渡性客体”等。

温尼科特跟父亲在一起的时间并不多，正如他自己说的：“他绝大部分时间把我扔给了我的妈妈们。”温尼科特与母亲和两个姐姐的感情甚好。除了母亲和姐姐，他还有一位保姆、一位女教师和一位经常住在他家的姑姑。他也认为自己是“一个有多位‘母亲’的独生子”。可以说，温尼科特是精神分析界的“贾宝玉”，他9岁照镜子看见自己的脸说：“它太友善啦！”

温尼科特著述甚丰，有人曾描述温尼科特是在出版（published）和未出版（unsaid）之间完成著作的。

本次出版的四本书——《婴儿与母亲》《游戏与现实》《家庭与个体发展》《人类本性》，对于大众而言，既可以是专业书籍，也可作为“育儿圣经”。书里面的文字平实无华，但阅读时常有拍案叫绝的冲动。

在《婴儿与母亲》一书中，温尼科特描述了对一个4岁的精神分裂症男孩的观察：“在我的治疗室里，他玩着再次出生的游戏，他坐在母亲的膝部，将母亲的腿向外拉直，并沿着她的腿一直往下滑到地上。这个游戏，他做了一遍又一遍，这是源于与母亲特殊关系的一种很特别的游戏……这个游戏涉及象征手法，它将所有普通正常人喜欢做的事情结合了起来，它还结合了梦里出现的出生方式。这是这个男孩对出生的直接记忆吗？实际上不是，因为他是剖宫产出生的……” 在此，我们看到，温尼科特的治疗是游戏和观察式的，他将孩子的所有表现（即便是诊断为精神分裂症）都视为有意义、有联系的行为，并尝试去理解它。

在《游戏与现实》一书中，温尼科特描述了一个“无定型区域”的概念，那是来自对一个中年妇女的梦进行分析的内容。温尼科特指出，以未定型布料在成型、被裁剪和塑造以及组合之前的形态出现在梦中，使这位妇女回忆起童年的经历，在她童年时没有一个人可以理解她，这使她不得不从无定型的状态开始。

在《家庭与个体发展》中，温尼科特描述道：“读者可能会说，很多母亲自己就很糟糕，她们通过易激惹或其他更直接的方式将自己的性挫折传递给婴儿……我要说当照料婴儿或儿童的人是神经质或近精神病的（很多人是这样的），他们就不可能被教导，我们的希望在那些或多或少仍正常的人身上……”温尼科特在此对母亲的神经质是包容和理解的，他指出了一个残酷的现实，那就是医护人员和保姆等照料者往往成为母婴创伤的一个重要来源。在网络时代，我们有机会看到那些不称职的照料者——保姆——甚至是残酷地对幼小的婴儿进行虐待。

在《人类本性》一书中，温尼科特指出，婴儿在子宫内意识到母亲的呼吸，然后在子宫外意识到母亲的呼吸，最后是意识到自己的呼吸。温尼科特关注心身的观点，认为出生时的躯体感受会持续终身。

虽然，温尼科特作为精神分析师写出了大量理论性的书稿，但从他的字里行间中可以看出他对婴儿、儿童与他们母亲之间互动的仔细观察以及对其中现象的理解。这是基于温尼科特对人性的兴趣和一种回到母婴关系的动力所促成的，也是一种对理想母婴状态期待的结果。

如果说弗洛伊德是母亲的儿子，他一辈子都在向父亲致敬，难以逾越；温尼科特则作为象征性父亲，理解了母亲，看到了孩子，代言了婴儿，呈现出父亲角色的核心——温和有力、宽厚包容。他可以说是最温柔的男人！

施琪嘉

2016 年 3 月 1 日于西安

中文版序二

温尼科特，刚刚好

2009 年，在武汉中德心理医院的会议室里，我们初识温尼科特，到今天一晃 7 年过去了。温尼科特这四本书来得刚好，就像温尼科特这个人和他的理论一样。

弗洛伊德的书当然大家都在读，无论是真感兴趣，还是要获得一种认同。但不是每一个精神分析理论家的书都能获得“必读”的地位。一些精神分析理论家曾经产生过巨大的影响，例如卡尔·亚伯拉罕（Karl Abraham），但是今天读他所著书籍的人已经不多。另一些精神分析理论家的影响局限在某一个文化共同体内，如自我心理学（Ego Psychology）主要在北美产生影响，而雅克·拉康（Jacques Lacan）的影响则局限于法国和南美。但是，温尼科特提出的概念、理论和思想似乎在全世界范围内都是“免签证”的：盎格鲁 - 撒克逊精神分析圈的人在读，拉丁系精神分析圈的人也在读，现在在东亚圈里也炙手可热。尤其是今年中国的“二胎”政策开放以来，微信朋友圈里满是温尼科特的文章翻译和导论性质的微课，我也凑热闹讲过一次，听众居然接近 2500 人！不知道当年温尼科特在英国广播公司（BBC）的公开讲座会有多少人同时聆听。

温尼科特为人处世的方式刚刚好。他没有特别强的执念，也并非没有自己的原则，没有像梅兰妮·克莱恩（Melanie Klein）一样的圈子，但是也没有由于要搞好各种关系而失去自己的个性，到头来其实他的“圈子”并不小。法国的 Andre Green，美国的 Thomas Ogden、Michael Eigen 和 Christopher Bollas（后移居英国）等都挺“粉”温尼科特的。他的性格也刚刚好，没有明显的人格问题，也没有高尚到要上神坛，比较符合“中庸之道”。顺便提一下，我当时试译温尼科特时，对他的生平没有很多了解。2013 年我在香港住的时候，从香港大学图书馆读过 F. Robert Rodman 所著的 *Winnicott*：*Life and Work* 一书，看后对他的生平有了更多了解。我当时在想，把温尼科特的著作译成中文该多好！后来没过多久，就在诚品书店里看到了台湾学者译出的繁体版。之后我又想，早点推出大陆简体版该多好。没想到现在这个简体版也要上市了！真是越来越“温热”啊！

温尼科特的理论也来得刚刚好。他既重视母婴之间的互动，也重视主体内在的精神结构；既重视分析双方的实际关系，也重视诠释的深度。所以他的理论不仅能跟很多精神分析家的理论“无缝对接”，也能跟很多文化有“预先的和谐关系”。我想这就是他在中国越来越受欢迎的原因吧。此外，温尼科特表述理论的方式也是刚刚好的，平易近人又不失深刻隽永，大部分著作整理自演讲，读起来也如师在侧、如友在邻。

来，我们一起读温尼科特。

张沛超

2016 年 3 月 24 日于深圳

中文版前言

与温尼科特相遇

2003年，施琪嘉老师递给我一本英文原版的《游戏与现实》，说："把第3章翻译出来，我讲课要用。"我花了1周时间把第3章翻译出来，并趁机翻看了全书。我深深地被这本书吸引，感觉受到很大的触动。1周后，我把译文与原书一同交还给施教授，一点都没有觉得日后自己会成为这本书的译者。与其他心理学大师一样，温尼科特被我放在心中的神坛上供奉着、祭拜着。许多年后，当师弟汤海鹏和我谈到他希望翻译这本书，但担心找不到出版社，问我有没有这样的关系时，我出于助人的目的，帮他联系了北京大学医学出版社的冯智勇老师。冯老师慧眼识书，认为这是极有价值的书，温尼科特也是非常有学术地位的分析师。他和他的同事董采萱老师、药蓉老师赋予本书极大的热情，鼓励我们翻译一套书，哪怕是从温尼科特的诸多著作中选择几本也可以。就这样，我们不知天高地厚地开始了这四本书的翻译，甚至忽视了自己的英文和中文水平有限，从此开始了感动与痛苦的几年！

很多施老师的研究生都曾经参与过这几本书的翻译，但最初的译文过于粗制滥造。我们曾经有一段时间每周二晚上在武汉中德心理医院的会议室聚会，讨论我们觉得有争议的句子。

温尼科特书中的很多独创词汇，或虽常用但被他改变了意义的词汇，以及他发散性的思维和不聚焦的写作方式，都让我们非常有挫败感。翻译组的人几经更迭，译稿也反复重写，我们仍担心会不会搞错了温尼科特的原意，弄得老爷子半夜从坟墓里爬出来朝我们怒吼——“你们瞎译”。我们渐渐发现自己的中文也学得不够好，因为有时候理解了温尼科特的意思，却很难用合适的中文写出来。我们几次想要放弃，但出版社的几位编辑却在百忙之中一直鼓励我们坚持，这使我们能够在各种挫败中最终完成了翻译工作。真的，此刻我最想感谢的就是这几位编辑——冯智勇、董采萱和药蓉老师，尤其是董老师，她一直持续地鼓励着我们，并多次通过邮件和视频与我讨论各种困难及具体细节。我想我欠董老师一碗热干面和一份豆皮！当然，还要感谢出现在我们译者名单中的各位老师，以及曾经参加翻译的李航老师、刘文婷老师等。

我们做了一件力所不能及的事，译文中难免尚存诸多遗憾，如果有机会再版，当全力修改。但能勉为其难地第一次把温尼科特的著作用中文简体版呈现给喜欢温尼科特的各位读者，我们在羞愧中也感到自豪，因为这可以帮助中国的读者与温尼科特在“过渡性空间”里相遇。

最后我要感谢在修稿令我感到无比痛苦、烦躁甚至愤怒的夜晚无限包容我的家人！

在结束这篇前言之前，董老师告诉我她查的这四本书的出版顺序是：《家庭与个体发展》（1965 年）→《游戏与现实》（1971 年）→《婴儿与母亲》（1987 年）→《人类本性》（1988

年）。作为中文简体版的译者之一，我建议大家阅读的顺序是：《婴儿与母亲》→《游戏与现实》→《家庭与个体发展》→《人类本性》。这样的顺序也许能帮助大家更容易进入到一个“过渡性空间”和温尼科特相遇。

卢　林
2016年3月12日于伦敦

原著前言

1936 年，Susan Isaacs 邀请唐纳德· 温尼科特（Donald Winnicott）在伦敦大学高级课程班上为经验丰富的儿科医生讲授“人类的成长和发育”。从 1947 年起，唐纳德 · 温尼科特就常规性地给大学里社会工作系的学生授课，并于 1954 年开始写这本书。唐纳德 · 温尼科特于 1971 年去世，从 1947 年到 1971 年，他一直坚持给学生授课。他非常重视这项工作，并且认为授课也是一种自我发展的机会。通过讲课，他可以澄清自己的见解，并且根据与学生的交流和自身的体验来修正自己的观点。的确，授课已经成为唐纳德 · 温尼科特自我发展不可或缺的一部分。他非常感谢 Susan Isaacs，因为正是 Susan Isaacs 对他的信任，使他迈出了第一步。

唐纳德 · 温尼科特有一套独特的授课方法。年复一年，学生们逐渐放弃了他们原来的学习方式——努力地做笔记，逐渐参与到真实的成长和发展过程中。换句话说，学生们真的是在学习，而不是简单地接受教学。他的课程基于整合的核心知识及人类发展模式，所以虽然看上去没有结构、很自由，但是学生们仍能够理解。唐纳德 · 温尼科特的交流方式的核心特征是在黑板上快速列出结构图表，使所有听课的人都能很容易地记住。

这本书最初的目的是为那些无法参加课程的学生提供一些笔记，希望所有学习“人类本性”课程的学生都能够获得这本书。虽然他在 1954 年的夏天用不太长的一段时间就完成了这本书最初的草稿，但这本书的修订却一直持续到他去世。

克莱尔·温尼科特

原著编者按

这本书的计划

温尼科特曾为《人类本性》这本书准备了两份大纲。第一份（大纲Ⅰ）写于1954年8月，由克莱尔·温尼科特（Clare Winnicott）撰写，这份大纲写的是这本书的主要内容；第二份（大纲Ⅱ）则大约写于1967年。这两份大纲都会出现在本书结尾的附录中。

可以看到，本书的材料基本都紧密遵照大纲Ⅰ的前三个部分，虽然写作的顺序有些不同。例如，关于“顺序的研究”。包括幻想、内在现实和梦，以及“过渡性客体和现象”。这些原来计划好的部分并没有按照原计划来写，最可能的原因是这些内容已经在之前的章节中被提到了。我们也可以从大纲Ⅰ中看到温尼科特最初的计划包含两个更深入的部分，关于反社会倾向和从潜伏期到成熟期发育的各个阶段，虽然有证据表明他准备在后面标题为“关于失职的研究”（Delinquency Research）的文章中开始阐述，但事实上，书中完全没有提到这些内容。（这篇文章在1943年的*New Era in Home and School*杂志上发表。）

大纲Ⅱ很可能会作为修订本书的指南。值得注意的是，该书第一部分和第三部分就是根据大纲Ⅱ编写的，但温尼科特似乎打算删掉该书的第二部分（关于人际关系和本能理论）；而该书第四部分的后八章中只有“环境”一章被列了出来。

标　题

本书中独立章节的标题几乎都可以在原稿中找到。此外，根据大纲，我们对为数不多的几处进行了修改，以确保连续性。

正　文

这一部分完全保持原样，是温尼科特或 Joyce Coles（温尼科特的秘书）的修订版手稿。我们只是在很少几处加上了个别词或字母，并以方括号标记了出来。我们所加的脚注也都会标记在方括号中。

关于修订的笔记

我们在整理温尼科特的手稿时，还发现了他的很多笔记。这些笔记显示了温尼科特打算如何修正本书中的某些章节。我们都单独呈现了这些内容，并标注出它们原本所在的页码和出处。有时，我们也发现手稿的边缘上有些笔记。现在所有这些笔记都作为脚注出现在原本打算要修订的地方。

Christopher Bollas

Madeleine Davis

Ray Shepherd

原著致谢

我们非常感激 Judith Issroff 在目录和书目细节方面所做的工作。

目录

引言…………………………………………………… 1

第一部分
检查儿童：身体、精神和心理

引言…………………………………………………… 7
1. 心身和精神 …………………………………………12
2. 不健康 ………………………………………………16
3. 身体疾病和心理障碍之间的相互关系 …………20
4. 心身领域 ……………………………………………28

第二部分
人类的情感发展

引言……………………………………………………35
1. 人际关系 ……………………………………………39
2. 本能理论中关于健康的概念 ………………………57

第三部分
单元状态的建立

引言：婴儿期情感发展的特点…………………………77
1. 抑郁位态 ……………………………………………79
2. 内在世界主题的发展 ………………………………95
3. 各种类型的心理治疗素材 ………………………… 100
4. 忧郁症的焦虑 ……………………………………… 107

第四部分

从本能理论到自我理论

引言：原始情感的发展…… 111

1. 与外在现实建立关系 …… 112
2. 整合 …… 129
3. 寄居身体的心灵 …… 136
4. 最早的状态 …… 140
5. 生命的原始状态：前原始阶段 …… 147
6. 混乱 …… 151
7. 才智的作用 …… 155
8. 退缩和退行 …… 157
9. 出生体验 …… 159
10. 环境 …… 168
11. 对心身障碍的反思 …… 176

附录…… 181

参考文献…… 187

引　言

本书的任务是研究人类本性。

在我开始准备写这本书时，就已经非常清楚这项工作是多么浩瀚广袤。人类本性几乎就是我们拥有的所有东西。

尽管我已经非常清楚这一点，但仍然打算写这一主题。对人类本性进行陈述，使我有可能尝试把我曾经经历过的各种类型的体验，包括从我的老师那里、从临床经验中学到的整合到一起。这样，我也许能够对这一无限的主题进行我个人的有限描述。

作为医生，描述疾病确实要简单得多，而且也普遍得多。随着对疾病的研究，我们也开始研究很多对于健康来说非常重要的内容。但是，医生关于“健康就是没有疾病”的假设并不全面。“健康”这个词的确有它自己积极的意义，但没有疾病只是健康生活的起始点。

写这本书时，我假设我的读者是研究生水平，已经读过相当多关于动力心理学的书籍，并且自己在工作和生活中也有这方面的体验。

我认为读者有权利了解我为什么可以写心理学著作。我的职业生涯都在儿科度过。我的儿科同事大多数都关注躯体方面的问题，而我自己则逐渐转向了心理学方面。我从来没有放弃普通儿科学，因为在我看来，儿童精神病学是儿科学的核心部分。虽然成人精神病学必须从内科和外科实践中分离出来，但对于婴儿和儿童，却从来都不需要这样的分离。

尽管需要克服自身的困难，我还是在儿科医生职业生涯的早期进入到精神分析的领域中。很快我就发现，不论是作为一种治疗，还是作为一种研究方法，儿童精神分析均具有生存空间。1927 年，我开始与梅兰妮·克莱恩（Melanie Klein）接触，她将弗洛伊德的方法应用到儿童治疗当中，后来我又发现 Aichhorn、安娜·弗洛伊德（Anna Freud）、Alice Balint 和其他人都开始通过不同的方式将精神分析应用于儿童心理治疗中。同时，我也有机会向安娜·弗洛伊德学习，那时她已经在伦敦定居。

此后，我开始在精神分析研究所学习并取得了精神分析师的资格。作为一名儿童分析师，我对几乎所有类型、各个年龄段的成人和儿童案例均得心应手。然而，任何一个精神分析师的体验都源自其个人经验，都值得保留。一个分析师一般（在其职业生涯中）只可能完成大约 70 个案例。但因为我在门诊，需要接待多位患者，也需要处理数不清的短期心理治疗，并且处理各种问题，所以我能够回避这一限制。

在我职业生涯的早期，我可以回避那些反社会案例。不过在战争年代，我在牛津郡专门给被疏散儿童做治疗时，就不得不面对这一类型的障碍了。

也是在这个时候，我也逐渐开始治疗更严重的成年精神病患者，同时在对成年患者进行精神分析治疗的过程中，我发现可以从他们严重的退行中学到很多婴儿早期心理学的知识，这其中的很多内容既无法通过直接观察婴儿来获得，也无法从对两岁半的儿童进行分析中得到。针对精神病成年患者的精神分析工作是极其严格和费时的，并且治疗工作绝不总是那么成功的。在一个以悲剧结束的案例中，我贡献了我职业生涯的2500个小时，而且也不可能拿到报酬。尽管如此，我仍然从中学到很多从其他类型的案例中无法获得的内容。

总而言之，我所做的其实是在咨询过程中不断地给父母一些建议，诚然这是难度最大的一环。

最后，我要提一下，应鼓励教学和传播。

第一部分

检查儿童：身体、精神和心理

引　言

我选择通过研究儿童来了解人类本性。虽然在健康情况下，成人会持续长大、发育、变化，直到死亡，但在儿童身上已经可以识别出一种模式，这种模式将会一直持续下去，正如在个体的一生中面容能被人识别一样。

但是，我们去哪里找儿童呢？

儿童的身体属于儿科医生。

心理属于动力心理学家。

智力属于心理学家。

思想属于哲学家。

心理障碍属于精神科医生。

遗传属于遗传学家。

所处的社会环境属于社会生态学领域。

社会学研究家庭设置及其与社会和儿童的关系。

经济学研究由于冲突性需要而带来的张力和压力。

法律调节反社会行为。

与这些各种各样的说法相比，人类个体提供了一个统一的核心主题，我们很有必要努力尝试将这些众多有用的意见整合起来，形成一个综合、全面的观点。

我们不能只采纳一种方法来描述人类。熟悉并应用每一种已知的方法才会更有益。

我们需要选择一种发展的方法来研究人类本性，可以整合各种各样的观点。首先需要弄清楚个体是如何从人、物混沌中出现的，是如何变得能够独立存在于被否认的世界中；然后作为一个整体、一个连续体，作为一个自我单元，作为与身体关联并依赖于躯体护理的某物，自我得到增强；然后开始出现意识（而意识暗示着思想的存在），并能意识到母亲的可依赖性和母亲的爱（通过对婴儿的生理照顾及对婴儿需求的精确适应传递给婴儿）；然后接纳性本能和功能，并意识到母亲是一个独立的个体，随之而来的变化是个体逐渐开始关心他人；之后可以识别第三人，能够辨别爱恨情仇，能够辨别情感冲突；每一个功能日臻精细，使个体更加丰富、完善，同时心理功能也随着身体功能的发展而发展；智力的发展有赖于大脑的发育；伴随着所有这些，环境的作用也会凸显出来，并最终促使个体社会化。

我们可以从最初的地方开始，逐步推进，但这也意味着带着模糊和未知开始，而只能在以后达到大家已熟知的常识。因此，对该发展的研究从 4 岁的孩子开始，逐渐向前，直到个体生命的开始。

我也谈谈躯体健康。躯体健康暗示着与儿童年龄相适应的躯体功能，且没有疾病。对躯体健康进行评估和测量，儿科医生是责无旁贷的，即到目前为止，躯体健康指躯体功能不受情感、情感冲突的干扰并且不存在痛苦情绪。

从孕期到青春期，个体的功能是稳定而持续地成长和发展的。人们根据儿童的年龄来判断儿童的躯体发育情况。

令人满意的儿童护理可以作为一个标准来评定发展。图表总是可以用来评价测量结果。然而，我们可以利用已经收集的、分类的数据，在健康概念允许的范围内理解个体变异。

儿科学主要是研究儿童期躯体疾病的，健康即意味着没有疾病。不久以前，佝偻病和很多其他由于错误喂养而导致的障碍仍然很普遍；肺炎也是一个很常见的问题，并常常导致肺脓肿，不过现在我们在伦敦的医院中已经很难看到了；以前，在儿童门诊中我们经常会见到先天性梅毒的患儿，而且很难治疗；急性骨感染必须通过较大的外科手术以及痛苦的术后护理来治疗。但在过去的 30 年中，整个情况都改变了。

100 年前，情形甚至更加糟糕，诊断和病因几乎完全是混乱的，老一辈儿科医生的首要任务是对整个疾病进行分类。在那些日子里，并没有多少时间或空间来考虑上述与健康有关的问题，也没有时间或空间来研究身体健康的儿童在人类社会中成长时可能会遇到的困难。

现在，由于对躯体障碍诊断和治疗的进步，我们发现那些精于治疗躯体疾病的医生们也会关注由焦虑或错误的家庭管理所引起的躯体功能紊乱[1]。

新一代医学生同样需要心理学的指引。他们能够向谁求助呢？儿科学教授自己对心理学并没有理解。在我看来，确实存在一种危险，那就是过分强调儿童心理学中那些肤浅的内容。无论是环境因素还是遗传因素，都受到了各方面的责难。用一种方式收集和描述所有的精神疾病是错误的。人们过分看重成就或人格测验。儿童快乐的表情很容易被认为是情感健康发展的信号。

精神分析师必须要提供什么呢？他无法提供简单的解决方法；相反，他需要面对年轻的儿科医生——大约 30 岁、已婚、有家庭，并且正面临一个新的课题，这个课题与生理学一样浩瀚。此外，他说如果要在儿童精神病学领域达到如他在躯体儿科学中相当的地位，儿科医生必须要经历个人分析和特殊的培训。

这很困难，但没有其他的办法，以后也不会有。儿科医生对于这样的冒险很犹豫，会更愿意坚持躯体儿科学，即使他必须要深入战场，才能找到足够的躯体疾病来治疗和预防。但是即将到来的时代不再需要躯体儿科学的扩展，并且越来越多的年轻儿科医生将不得不进入儿童精神病学领域。我盼这一天已经

---

[1] 我想要提到 Guthrie，《儿童功能性神经紊乱》（*Functional Nervous Disorders*，1907）的作者，不是因为他达到了一定的高度，而是因为他是一个先锋，并为在帕丁顿·格林儿童医院营造的氛围做出了贡献，也是他使我于 1923 年在帕丁顿·格林儿童医院任职。在 Guthrie 令人难过地去世以后，我继续主持他所在部门的工作，那时我还没意识到，正是由于我对儿童心理学的偏爱，我被任命为医院的咨询工作人员。

盼了 30 年。但是风险在于可能会回避掉一些新发展所必须面对的痛苦，并尝试找到一种其他的方法，形成新的理论。新的理论提示精神障碍不是情感冲突的产物，而是遗传、体质、内分泌失衡和残酷的不当管理综合作用的产物。但事实是生活本身是艰难的，心理学关注个体发展和社会化过程中的内在问题；另外，在儿童心理学中，我们必须面对我们自己曾经经历的挣扎，尽管我们很可能已经忘记了这些挣扎，或者从来就没有意识到这些挣扎。

1

心身和精神

人类是人类本性的一个时间样本。从某一角度来看，人是物质的；从另一个角度来看，人也是心理的。因此，存在身和心两部分。这两者之间的关系也具有不断发展的复杂性，而这一关系的构成来源于我们所谓的心理。智力功能，如同心理一样，在大脑的特定区域中有其物质基础。

作为人类本性的观察者，我们可以识别出身、心和精神功能。

我们不会陷入由于术语“精神”和“躯体”而导致的陷阱中。这些术语无法描述相对的现象。身和心是相对的。精神有自身的特殊规律，必须作为心身功能的特殊情况加以考虑[①]。

我们需要注意这样的事实，即我们有可能用三种方式来看待人类本性，并研究兴趣划分的起因。探寻婴儿早期的心身分裂及精神活动的最初阶段是非常有趣的。

[①]见温尼科特（Winnicott，D. W.；1949）：《精神及其与心身的关系》（*Mind and its Relation to the Psyche-Soma*）。

躯体健康

躯体健康意味着足够好的遗传素质和足够好的营养。健康的身体在正确的年龄水平行使正常的功能。事故和不良的环境因素都得到了及时处理，这样便消除了它们的负性影响。随着时间的流逝，个体不断地发展。不早不晚，婴儿逐渐变成了一个男人或女人。中年也会适时到来，带着新的、合适的改变，最终老年会抑制各种功能，直到最后健康被封印，死亡来临。

心理健康

同样，心理健康反映了情感的发展，是一种成熟的体现。健康的人会按照此刻的年龄达到其情感发育的成熟。成熟是一个过程，使个体能够逐渐对环境负责。

就像我们思考整个生理学一样（例如肌张力的生物化学），身体成熟是一个极其复杂的事件，情感成熟也同样复杂。本书的主要目标就是尝试描述发现情感发育复杂性的方法，并尝试找到科学的方法进行调查。

智力和健康

智力发育与心理和身体发育无法相比。术语“智力健康”是没有意义的。

智力和心理一样，依赖于身体某个特定器官的功能，即大脑（或大脑的特定部位）。因此，智力的基础是大脑的质量，但是智力只能用加法或减法来描述，除非大脑由于身体疾病而变形或扭曲。在发育中，智力本身是不会生病的，虽然它也可能被病态的心理所累。相反，心理本身是可以生病的，也就是说，尽管其大脑基础是健康的，但如果情感发育失败，心理也可以是扭曲的。智力所依赖的大脑部位比心理所依赖的大脑部位的可变性要大得多，这也是在后来的种族进化中形成的。遗传和运气为大脑提供了低于或高于平均能力的可能性；偶发事件或疾病或事故（如在出生过程中受到损伤）使大脑有可能产生缺陷或损害；儿童期的感染（脑膜炎、脑炎）或肿瘤可能对大脑残余功能造成影响；在对精神障碍的（所谓）治疗中，神经外科故意切除大脑的某部分，以干扰所形成的针对疯狂的防御，而防御本身导致了痛苦的临床状态。上面任何一种方式都会使智力受影响，或者精神过程会被修改，虽然身体（除大脑以外）可能还保持着健康状态。不过，在所有情况下，健康或不健康都需要得到评估。举一个极端的例子：一个智商为 80 的儿童可能身体是健康的，也可能会表现出健康的情感发育——成为一个确实有价值、有趣味的人，有好的品格和可靠的地位，甚至能够成为一个好的婚姻伴侣和家长。另一个极端，一个有超常智力的儿童（智商为 140），虽然可能很有天赋，很有价值，但如果情感发育有障碍，也可能会是极其病态的，很可能会出现精神病性的崩溃，品格不可靠，完全不可能成为一个有自己家庭的公民。

现在我们已经知道，在相对健康的儿童中，在其年龄所允许的范围内，智商会始终保持相对稳定。这只是另外一种陈述方法，想要陈述这样一个事实，即智力从根本上是基于大脑组织的天赋。智商不能保持恒定的情况实际是由于运用智力时发生扭曲，这种扭曲一方面是由于情感发育障碍，另一方面是由于伴随的大脑组织疾病。

对于任何一个有缺陷的儿童群体，都可能会有几个孩子的大脑能够保持平均水平，甚至具有超常的能力，对于这些孩子，正确的诊断应当是儿童期精神病。这时，精神缺陷便是情感成长早期障碍的症状。这种缺陷类型并不常见。

相反，临床医师遇到的智能被焦虑驱动并且过度疲劳的儿童，也是情感障碍所致（融合的威胁）。此类儿童智商测试得分很高，但经过心理治疗或成功地掌控环境后，其对混乱的恐惧不再紧迫时，智商得分反而下降了。

因此，智力与心理和身体不同。它是一件不同的事情，就智力而言，我们不可能说健康是一种成熟，或成熟是一种健康。事实上，在健康和智力的概念之间并没有直接的联系。在健康的情况下，精神在大脑的功能基础上工作，因为个体的情感发育是令人满意的。

所有这些都需要更细致的思考。

2

不 健 康

如果我们能用更宽广的眼光来看待不健康，就可能获益更多。我们有可能因此对疾病和身与心的障碍做出相对简单的陈述。这两者间的相互关系很复杂，但我们可以尝试在二分法的基础上来进行描述。

身体的不健康

遗传的	在出生或出生后出现的情况 在出生或出生前出现的情况			
先天的	在出生过程中 导致难产的异常情况 出生时 出生过程中出现的事故			
摄入不足（消除缺陷）	热量，微量元素，维生素	迫害（养育失败）	所有的阶段之间	自身诱导

续表

事故	纯粹的偶然事件 战争
传染感染	纯粹的偶然事件
（仍未被理解）	新生物 特定的疾病，可能是感染（急性风湿病、舞蹈病等）

这个分类涵盖了除大类之外的疾病状态：由于各种心理状态而受到影响的身体组织功能。

也许让人感到惊讶的是，如此简单的一个陈述竟能够涵盖躯体儿科医师的全部任务，其实在实践中这种任务是非常麻烦的，而所要求的知识面又非常广。

心理的不健康

即使很明显是由负面环境因素所引起的[①]，我们也无法简单地描述心理上的不健康。然而，临床上我们却可以认为它是一种情感发育障碍。

考虑到身体上的健康（包括大脑组织功能），我们可能将心理的不健康归类为神经症或精神病。在神经症的情况中，困难始于家庭生活的人际关系中，这时孩子 2 ~ 5 岁。在这一年龄阶段的孩子被看作是一个完整的人，并获得人际之间基于爱的并

[①]修正笔记：加上对摆脱僵硬防御之后的健康的陈述。
你喜欢他或她吗？是的 = 健康
你厌倦了吗？是的 = 不健康

极其强大的本能体验。患有神经症的孩子（或成人），其早期的情感发育在正常的范围之内。

精神病是一个名词，用来描述开始于较早时期的疾病状态，即早在孩子成为一个完整的人并与其他完整的人相联系之前。

这个分类看上去很酷，但其实作用非常有限。如果想要对精神病性的临床状态做出更进一步的检查，我们还需要一种更精妙的方法。所以，关注情感发育障碍的起始点是非常有价值的，同时我们也尝试使用已被大家接受的精神科术语。

因此：

类型	临床状态	起源
神经症	对抗焦虑的防御性组织：恐怖症、转换障碍、强迫性神经症等	来自于本能生活的焦虑，如人际间的
精神病		
躁狂性抑郁		关注冷酷的爱
抑郁		对丧失客体的反应
反抑郁防御		
迫害：来自内部		关注攻击性导致的结果
忧郁症		
来自外部		
由偏执引起的防御		
退缩回内在世界		
精神分裂症	通过分裂来防御 通过失整合来防御 通过丧失现实感来防御 通过丧失接触来防御	生命早期母亲主动适应的失败

这种粗糙的描述能帮助学生从根据成人精神病学来研究心理疾病的背景中跳出来。不过，从对儿童精神病学的深入研究来接近成人精神病学，其实会更符合逻辑。

尽管我们的想法是好的，即发现我们可能需要发展出一种新的分类方法，但最终我们可能还是不会满意[②]。

在临床上，即使是患儿，也不是在所有时间都表现得焦虑或疯狂。正常情况下，我们会遇到组织得非常成功的对抗焦虑的防御。诊断时，我们需要关注防御的类型，以及防御是否成功。了解具有威胁性的焦虑类型也是同样重要的。例如，防御可能是对抗丧失阴茎的恐惧，或丧失某项与本能有关的重要功能；防御同样也可能是对抗抑郁，即对抗属于内疚感的无助感，无论其本身是潜意识的还是与潜意识事件有关的；防御也可能是对抗缺乏与外在现实接触的恐惧，或对抗混乱的失整合的恐惧。

所有这些都需要更仔细的检查，但我在这里想强调的是，确实需要对儿童的微小情感障碍进行粗糙的分类，因为根据儿童可能会患有的疾病类型，在压力面前，他们有时确实会崩溃并生病。这样的分类使我有可能对躯体和精神障碍之间的相互关系做出初步检查，而在这以后，我再回到对情感成长的细致研究中去。现在，我必须省略不同阶段中的环境失败，虽然这一主题在本书的后半部分也同样需要细致的思考。并且，这里也不包括症状学上的反社会类型。

[②]修正笔记：预示着我们将以新的形式回归到分类中，即：依赖＋家庭和社会供给，处理/不处理。

3

身体疾病和心理障碍之间的相互关系

身体及其健康对心理的影响

遗传

就遗传而言，我们不大可能混淆身体和心理这两者。即使检测的结果是心理方面的问题（例如，由家长传递给孩子的抑郁或癔症气质的遗传素质），也会假定所有的遗传都是躯体方面的。心理的基础是躯体，在进化中，身体首先出现。心理作为躯体功能中的想象性加工开始出现，其最重要的职责是将过去的经历、潜力与此刻的意识以及对未来的期望联系在一起。自此，自我开始存在。当然，离开了大脑和大脑功能，心理不可能存在。

向精神病和人格障碍发展的人格特征及倾向，其遗传性是属于躯体的，因为遗传，心理治疗具有局限性。这些局限对神经症性障碍的治疗而言相对不那么重要，但对精神病性障碍的治疗较重要，而在所有对健康人的精神分析中最为重要，尤其是那些年龄小的健康人。

我们应当注意到，在临床上某些特定疾病的遗传倾向会出现得晚一些，所以尽管是遗传的，但它们并不是先天的。

先天障碍

遗传关心的是那些在孕前出现的因素。先天障碍是那些在出生过程结束时便有证据表明存在的障碍。

术语“先天”是指两种类型的障碍：首先是那些存在于出生日之前，即在子宫内的时期的疾病和残疾；其次是那些直接由出生过程本身带来的后遗症。

儿科医生会根据发育缺陷（例如由于怀孕第二个月母亲患德国麻疹而导致的精神缺陷）、畸形（例如髋脱臼、畸形足）、来自于母亲的感染（例如出生前的梅毒和出生时的淋病）、母亲与婴儿之间的血液不相容、由于出生延迟而导致的大脑或脑膜受损（母亲的骨盆小、由于产程过长而导致的过度窒息）等来思考。儿科医生在其高度专业化的工作中有太广泛的领域需要考虑，我们不可能期望他关注到没有畸形的健康婴儿出生时的（心理）体验，这些婴儿在躯体方面既没有窒息，也没有休克。

近年来，妇产科医生开始对出生时的心理学产生兴趣，并且几乎已经达到了第一个目标，即让生产成为一个安全的躯体体验。我们已经研究完并正在讲授的关于母亲的心理学，可以总结为以下这句话：远离恐惧。真实的了解有可能使母亲进入放松状态。对医生或护士个人的信任仍然是母亲的主要支柱，虽然我们并没有经常提到这一点。我们无法期望妇产科医生或护士对关于婴儿出生时的心理学显示出兴趣。母亲自己在她的婴儿出生时也不会成为一个婴儿心理学的先锋，虽然她知道必须要考虑她孩子的心理。那么她该怎么办呢？心理学家必须要参与进来，直到儿科医生和妇产科医生能学习婴儿心理学。

从大脑作为功能器官不断地发育开始，它便可以储存个体的经历以及身体记忆，所有这些集合在一起就形成一个新的人。有很好的证据表明婴儿在子宫内的身体活动是非常重要的，而子宫内宁静的环境也同样重要。

在出生的某刻出现了大量的觉醒，以至于我们可以注意到早产儿和过度成熟儿之间的区别。前者还没有准备好生活，后者则很可能在沮丧的状态下出生，因为婴儿早已准备好，却一直在等待着出生。

但是，从整体来看，婴儿自己的心理并不影响所谓的先天障碍。另一方面，出生事件会对孩子的心理产生极大的影响。对这一部分的研究必须在读者已经了解了处于生命最开始的人类之后。

一旦婴儿出生，其心理对身体健康的影响便立即变得非常明显。

摄入不足

喂养的建立绝不只是一系列反射的集合。我们已经知道母亲的情感状态会影响婴儿吸吮乳房的能力，并且不同的婴儿，有的容易喂养，有的却很难喂养，甚至在生命最初的时候这种差别就已经开始了。关于喂养初始及后续喂养过程中的心理学有很多内容。这绝不是贬低喂养的躯体方面，在儿科领域内，仍然对这方面进行着细致的研究。为了研究这一主题，了解躯体知识（包括生理学、解剖学、神经病学、生物化学）的人和了解心理学的人之间需要合作和相互理解。为了让那些非医学背景的心理学家能理解，我想列举一个非常罕见的状况，即大家所知的“短食管”。这一身体畸形会导致喂养困难，尤其是很容易导致呕吐。婴儿的姿势会影响症状的呈现。随着时间推移，其有自愈的趋势，因此，此时无论采纳哪种测量，都是可以信任的。这些测量可以很容易地揭示建议的本质，这些建议是帮助母亲管理和与心理治疗相关的内容。那些研究婴儿心理学的人不能忽略躯体障碍及其自然病史，尽管他们并不需要对婴儿的躯体方面负全责，但是责任也应由两类专家来共同承担。

在较大婴儿的喂养困难中，心理学的地位变得越来越重要。即使婴儿可以正常地被喂养，并且对所有适当给予的食物都接受，也可能是种疾病。我们将会探讨导致这一现象的原因。在极端情况下，任何年龄的婴儿，如年龄稍大的孩子，作为一个被喂养者变得极度抑制，其结果可能会是致命的。在健康喂养和病理性抑制之间存在着不同的等级。

躯体和心理之间有多种混合形式。举一个耳熟能详的案例：一个有先天性腭裂的孩子无法通过正常的方法来享受喂养过程，而且有必要反复进行手术，所以常常要和母亲分离。婴儿的情感发育受到影响，但是并不一定会达到残疾的程度，因为医生和护士会很容易地观察到婴儿痛苦的感觉，所以他们会采取措施来帮助孩子抵消环境的干扰。当婴儿的痛苦感受能够被识别时，医生和护士除了通过获得专门的心理学知识来预防始于婴儿期的心理疾病外，他们还可以做很多。

消除缺陷

将躯体因素从心理状态中区分出来并不十分困难。除了在很罕见的情况下，比如排泄器官畸形或患有疾病，坦白地说，排泄功能紊乱只是情感冲突在身体上的反应。

事故

量表的一端是纯粹的偶然，另一端则是有事故倾向，这种情况属于精神障碍的抑郁症类。相似地，对于那些受到虐待的人来说，他们总是带着被迫害的需要，而这种对迫害的需要的基础是被称为偏执的精神科疾病。令人惊讶的是，这起源于婴儿早期，事实上正是起源于出生后不久。

至于感染，我们可以说有一些是完全依赖于躯体状态的，如麻疹；一个没有得过麻疹的孩子会从其他患此病的人那里感染麻疹。相反，某些感染会受到情感状态的影响。例如，肺结核的病程与抑郁阶段的病程紧密相连，尽管其手术治疗并没有如此强的关联。肺炎，尤其是在抗生素出现之前的年代里，就是对生存意志的一种考验，因此，恢复在很大程度上依赖于护理。在旧的时代，护士能够从他们对肺炎患者的成功护理中获得极大的成就感，因为他们知道自己的贡献能够挽救人的生命。今天，由于肺炎能够通过相对机械的方法来治愈，现代的护理专业的学生已经基本上丧失了这种感觉。

不明分类

几乎所有疾病都能符合某种疾病分类。然而，我们有必要提醒非医学背景的读者，虽然有些疾病确实是躯体上的，但其起因仍不清楚。一个例子是“新生物”[①]。同样，很常见的风湿热和舞蹈病的起因仍然并不清楚。

这并不意味着我们可以把那些躯体起因不明确的疾病简单地归为是由心理因素引起的，尽管风湿热和舞蹈病会发生在情感休克或急性创伤之后。

过敏

对属于“过敏”的各种障碍进行收集是很困难的。那些对过敏或对各种物质（如在枯草热中的花粉）过度敏感极有兴趣的人能够解释很多症状群，这些症状在大多数的观察者看来是心理问题。一个例子就是哮喘。哮喘是一种躯体功能紊乱，很可能是因为呼吸肌对吸入的物质过度敏感所致。但是哮喘发作也可能纯粹是心因性的，因为大家都同意父母需要密切关注患哮喘的孩子，并安排其定期接受心理治疗（如精神分析）。哮喘是一个很好的边缘性障碍的例子，但是仍需要提醒心理工作者哮喘是有一定的生物学基础的，同时哮喘和婴儿湿疹也相关，因

[①] 癌症的常用术语，即上皮癌、肉瘤及淋巴瘤和白血病。

此也需提醒临床医生这种疾病也有心理因素在起作用。

“过敏”似乎严重偏离了所谓障碍的某些主要特点，但是术语的有用之处是对临床状态进行描述。对过敏进行处理似乎有悖于心身障碍的说法，因为对过敏的处理更偏向心理学，而不是生理学和生物化学。除了其本身的起因外，哮喘也可以被看作是精神障碍的产物，因为对于儿童或成人来说，如果不是特别关注哮喘，那么（无论起因是什么）他们都不可能会患哮喘。

心理对身体及其功能的影响

健康的情感发展能为儿童的躯体健康赋予意义，正如躯体健康会为孩子的情感发展提供极有价值的保证一样。

正常的情感发展所伴随的张力和压力及某些异常的心理状态都会对躯体产生负面影响。

“随心所欲”的本能能促进身体健康，但是随着发展，大多数时候身体都需要做出某些妥协和牺牲，需要对本能欲望进行适当的控制。在儿童社会化的过程中，“随心所欲”的本能逐渐被抑制、减弱。我们要记住的原则是通过自我控制处理本能欲望，这可以解决意识层面的心理冲突。我们可以在使伤害最小化的范围内，平衡本能欲望和外在现实或社会良知。另一方面，冲动和理想的自我之间的冲突被压抑在潜意识中，由这种冲突导致的抑制、焦虑和强迫会更加令人茫然，使个体不能很好地适应环境，而且对身体、身体过程和功能会更加有害。

儿童的身体能够承受巨大的压力，但是如果同样的压力持续到成人阶段，就可能最终导致无法逆转的躯体问题，比如良性高血压、消化道黏膜溃疡、甲状腺功能亢进等。

这些无法逆转的身体改变最初由心理冲突引起，而这些改变的晚期却需要内科医生、外科医生或内分泌学家来处理，但即使在这个阶段，心理治疗仍然是有用的。早期成功的心理治疗干预可能会减少后期对内科医生或外科医生的需要。

4

心 身 领 域

儿科学（不是成人医学）告诉我们应当探索心身医学问题。儿童为研究与心理现象有关或继发于心理现象的身体组织和身体功能的改变提供了最好的素材。

心身医学成为医学研究和实践的一个分支。不幸的是，它却独立于精神病学、全科医学和精神分析。这类似于人们对精神和躯体所做的区分，似乎它们是完全不同的现象。人类的本性不只是精神和躯体——它是心和身的相互关系，而精神则是心身共同作用的产物。

心身障碍是与心理状态有关的身体或身体功能发生了改变。这些改变在儿科临床领域中得到了很好的研究。这不仅是因为儿童的状况会简单一些，也因为了解成人的心理状态必须要考虑被研究者的童年经历。

心身医学的基础是生理学。其所研究的组织是有生命的，它们是动物整体的一部分，并不断受到动物心理状态的影响。

研究的第一个问题是个体活动和休息时的生理变化，然后是局部兴奋和整体兴奋的生理变化，后者有准备、高潮、恢复三个不同的阶段。对整体兴奋的研究中，如果不联系个体的整体心理状态，我们将无法研究这些组织。一旦了解了整体的心理状态，就可以将生理与因渴望、愤怒、爱、恐惧、焦虑、悲伤及其他情感而产生的变化联系起来。这些情感都属于幻想的内容，而幻想具有特异性。

在所有这些工作中，心身医学专业的学生主要关注意识与潜意识层面的幻想，即个体的心理组织学及躯体功能的想象性描述。如果两个人分别动一下手指头，解剖学家和生理学家认为这两个事件之间是相似的。然而，对于心身医学专业的学生而言，除了动作的解剖学和生理学基础之外，还需要考虑动作对个体的意义。正是因为这一点，每个人动一下手指头具有不同的意义。

因此，生理学毫无疑问地成为心身医学的一部分，这主要指躯体改变的生理学基础，这些变化往往与心理张力和压力有关。首先，个体在社会化过程中有与生俱来的控制，然后有与心理压抑和潜意识冲突有关的、病理性的控制和抑制。

最后，在心身医学中，我们不能简单地认为心理和身体之间有紧密的联系；心身医学必须考虑某些常见但又重要的状态，在这样的状态中，心理和身体之间的关系是松散的，甚至根本没有关系。

对心身儿科学的细致研究只有在人类个体情感发展得到完全阐述之后才可能完成。

我们可以看到这些障碍确实会导致一个真实的、非常广泛的临床群体。为了理解这些障碍，我们就必须了解每一种心理障碍，包括生命固有的内在冲突，即每个人类个体在社会化的过程中对本能进行管理和对冲动做出妥协所固有的冲突。

在健康领域，心身儿科学中有两个主流的研究方面：躯体健康及其对心理功能和发展的影响，以及心理健康及其对躯体发育和功能的影响。

在疾病领域也存在两个研究方向：躯体疾病及其对心理发展的影响，以及心理疾病及其对躯体发育的影响。

对这些问题的理解都来自于对发育中躯体健康的个体的研究，因为研究的基础是假设个体没有躯体疾病，这样，非常复杂的研究便可能得以完成。如果我们的假设是没有原始的身体疾病，那么我们便可以检查一个人的心理与身体的相互影响，从而形成某些基本原则。

我们发现正常情况下情感发展是痛苦的，并通过冲突而得到强化。从这一点来看，即使没有原始的躯体性疾病，在情感的发展中身体也一定会遭受痛苦[①]。所以，必须通过心理学来研究心身障碍，也必须通过了解心理问题对个人身体部分的影响进行心身障碍的研究。这是一个回路。内科医生并不会这样思考，他们会直接将关于身体疾病的知识应用于心身障碍中，但事实上这是行不通的。自然的方法是研究没有任何躯体疾病或躯体限制的儿童（或成人）出现的心身障碍。只有在这些原则已经被理解以后，我们才能理解躯体疾病及它们对心理的影响。我们可以看到躯体医学就像一个有边界的国家，并且人为设置了

[①]修正笔记：可以确定这样的观点，即带有正性感受的心身障碍倾向于发展出智力或倾向于人格解体的状态。

这些边界来限制医生的责任。因此，躯体医学自然地融合到心身医学中。

个体的心理与关系密切相关，这些关系包括内部的关系、与身体的关系，以及与外在世界的关系。由于身体功能中的想象性精细加工及记忆的累积，心理（特别依赖大脑功能）与过去的经历、现在和未来的期待联系在一起，使自我有了意义，并证实了我们对自我的感知。

心理以这种方式发展，变得能够与外在现实相联系，并且有能力创造和感受外在现实，也变得更加主动，而不是被动地接受环境的影响，其不仅能适应环境，也能够选择去改变环境，从而使个体变成了一个有选择能力的人。

这些成长现象不会自动地表现出来。确实存在先天的成长元素，但是早期对适宜环境的需求非常强烈，以至于先天的成长因素可能被掩盖。在身体发育过程中，这些成长因素会变得更加清晰；相反，在心理发展过程中，这些先天的成长因素都有可能失败。因为在适应环境的过程中，不可能没有失败，因此根本不存在没有扭曲的成长。

身心发育是以某种速度发展并逐渐成熟的过程。如果成熟与年龄有关的话，那么在某种程度上可以说健康即成熟，成熟即健康。发育的过程必须是连续的，发育中的每一个空白或跳跃都可能导致扭曲。这里快一点，那里慢一点，这些都可能会留下伤疤。

另外，关于心身儿科学或人类本性是何时起源的争论没有任何意义。唯一可以确定的是怀孕的日期。出生日期是显而易见的，但在出生之前很多事就已经发生了，尤其是对于过熟儿；而且婴儿在出生时就已经具备了个性特征，这如此令人震惊，以至于在同卵双胞胎的案例中，有经验的护士会立即意识到出人意料的相似性。在两周大时，任何一个婴儿身上都已经发生了很多事件，这些事件都是独特的。即便是处于易于被收养的年龄，婴儿也会记住真实的体验，以至于养父母一般都会遇到管理的问题，而如果是他们自己亲生的孩子，从一开始就由他们亲自照顾，情况则会完全不一样。

第二部分

人类的情感发展

引　言

对心身儿科学的预查仅仅显示出对理解个体情感发展的需要。在身体方面的检查中，儿科医生对每件事都会以解剖学和生理学为基础，那么在心理方面也必须要有对等的学科才行。理论心理学并没有提供答案。唯一的答案便是动力性心理学，即精神分析。

现在我们有必要检查心身的发育及其伴随着的心理功能，这使个体逐渐成为一个有自我意识的人，这个人不仅与环境有关，而且最终会参与到维持环境和创造环境的过程中。我们会先假定没有原发性躯体疾病，直到我们有能力解决或解释这些复杂的问题时才能去掉这个假设。

我们假设个体的脑组织处于平均水平上，因为精神缺陷和痴呆是躯体缺陷伴随的心理特征。刚开始，心理并没有引起人们足够的重视，但是随着时间的推移，现在已经到了不得不说的地步，我们必须要考虑心身健康了。

从怀孕期开始对人类发展进行描述是符合逻辑的，之后个体会逐渐经历子宫内生活、出生、情感成长的原始和较原始阶段，之后再到幼儿和儿童以及青少年，最终成为一个成熟的成年人，准备好参与到世界中，并逐渐变老，直到死亡。

我选择从第一成熟期即幼儿晚期开始，此时幼儿的人际关系已经非常有意义了。我这样选择是因为我相信读者对弗洛伊德的工作已经有了一定的了解。弗洛伊德认为成人期的神经症是由个体早期的内在冲突引起的。

通过对童年早期的动力性心理学的陈述，我将一步一步往前推，直到最早期未知的时刻，在这些时刻，“人类”的范畴也包括子宫中的胎儿。之后，我们会有可能再向后推进，同时检查潜伏期和青春期的特殊特征。

因此，我对动力性心理学的描述将根据以下内容进行分解：

（A）人际间关系和相关的病症。

（B）个人成就及能力。

（C）原始任务，包括：

（1）自我整合；

（2）心身的临时妥协；

（3）通过幻想与现实接触。

我想请读者明白：在阅读某部分描述时，需要暂时屏蔽其他部分，但却不能忘记，因为这一部分的用语可能并不适合另外一部分。

这是人为划分的，并不等同于个体的发展阶段。虽然有时某个阶段是最主要的，但是其实个体的发展是连续的、贯穿始终的。儿童期的原始任务从未真正完成过，这就给父母和教育者提出了挑战，虽然这一挑战最初是属于婴儿护理方面的。以及类似，父母和教育者对从冷酷到关注的转变期导致的心理负担，与之能将过去、现在和将来整合起来的能力都比较感兴趣，虽然最初的时候，这是那些婴儿的照料者需要面对的问题，因为那时婴儿要学会“断奶”，并有能力处理丧失感（其实在某种意义上，他们并没有真正失去什么）。

非常有趣的是，读者对第一章中我提到的关于个体的一些事情并不是非常感兴趣，他们最感兴趣的是早期问题。一个人际关系已经足够丰富和复杂的孩子之后出现了一些问题，这可能是人类本性使然，而不仅仅和孩子有关。告诉父母和教育者孩子的症状是一种抑郁是没有用的（尽管这样很正确），因为这样的神经紊乱可能来源于潜意识，我们唯一可以做的便是带孩子做心理治疗（尽管这通常都很可能无法做到或过于昂贵）。

如果孩子的问题源于俄狄浦斯情结，则父母和老师往往没有耐心，但是他们绝不仅仅表现为“阻抗”，因为这样的事实（原则上这些属于我在第一部分中的描述）往往使人们感到无助。他们能做什么呢？相反，孩子从婴儿期遗留下来的需要向父母和教师表明，通过强化对正常儿童的照顾和教育中的某些方面，孩子可以慢慢自己解决这些问题。

然而，不得不承认，即使父母和教师无法针对症状做出任何有实质性帮助的行为，而仅仅是了解孩子内心发生了什么，也是非常有帮助的。如果除了婴儿的任务和需要外便不再给予更多的关心，那么对人类儿童的理解就不全面。显然对于孩子来说，理解俄狄浦斯情结所引起的剧痛是非常有价值的，尽管这样的理解可能只会引发同情，而不是有用的行为。

1

人际关系

第一部分

人类心理学研究的第一部分是关于人际关系，这直接来源于近五十年众所周知的工作——以神经症治疗为基础的工作。这些观点几乎全部来自于弗洛伊德及那些他使用的方法，即精神分析。尽管所有我想要说的都可以在现在的文献中找到，但我不可能回避这些内容，所以我仍然坚持用自己的语言再阐述一次，希望这样可以使读者从对人的一生的回顾中了解整个主题。

这些内容是精神分析理论的一部分，所有精神分析师都认为它们是理所当然的；也正是它们让各门各派的分析师们能够集中到理论与实践的现代发展上，并从根本上联合起来，从而建立起由所有精神分析师一同组成的精神分析学会（Institute of Psycho-Analysis）；精神分析学会能在全国进行培训，并为实践提供资格证明。在学生们进入到更具体的研究问题之前，我想教给学生们的正是这一理论基础。

弗洛伊德几乎触及了人们关系中的每一个方面，事实上直到现在，除了对已经被接受的内容进行新的阐述，我们已经很难再做出新的贡献。弗洛伊德指出了一件让人很不愉快的事，即现实和潜意识的力量，他指出产生症状的根本原因是潜意识中的痛苦和冲突，同时也指出了本能的重要性和儿童期性欲的重要性。任何否认或企图超越这些事实的理论都会是徒劳的。

儿童心理学教学的主要内容就是儿童的发展问题。情感发展贯穿在身体成长过程中。这使得在心理学的范畴内静止地、独立地研究某一时刻的某一件事是不可能的，因为在发展的过程中，任何时刻发生的事情都有它的过去和未来。观察是很重要的，通过这一方法，精神分析师突破了理论心理学、精神病学和全科医学的桎梏。

现代关于幼小儿童的心理学陈述将健康的发展看作是理所当然的，甚至更优先于我们所说的“现在这个孩子是一个完整的人，与整个人类有关”这一点。我们知道，这只是人为地、理所当然地这么认为。我们也知道不存在这样的一个时间点，可以让我们开始应用这样的一个描述。发育中的任何阶段都要经历达到、丧失、再达到、再丧失的过程，如此循环往复；发展中的每个阶段只能逐渐地完成，也只能在特定的条件下才能逐渐地完成。这些条件逐渐地变得不再那么重要，但永远也不会变得微不足道。我们仍有必要假定以前的发展是成功的，因为复杂源于简单。

只有了解了神经症及其早期的起源，才能彻底地了解健康的儿童，这是一种荒谬的说法。但如果说我们通过理解各类神经症的症状形成来研究健康婴儿的发展，这就不那么荒谬了。原因是神经症中对焦虑的防御机制不仅是产生神经症症状的基础，同时也为健康的表现提供了保证。

在对成人的分析中，神经症症状的起源通常都可以追溯到潜伏期之前有压力和应激的时候，那时这个成人还只是个 2 ~ 5 岁的孩子。因此，我们来看看这个年龄的孩子在个人情感的发展过程中究竟发生了什么。

下面我们来讨论某些极端情况吧。一个极端是完美的婴儿期，这是完美儿童期的基础，完全没有神经紊乱。另一个极端是扭曲的婴儿期，这种扭曲让以后任何阶段中正常或健康的成长都变得不可能。我们可能会问：那个建立起神经症水平防御机制的孩子在哪里？答案是介于这两个极端之间，并且通常我们发现相对健康的小孩子们会有一定的神经症倾向，这可以通过适当的管理来抑制，同时也有一些小孩有很强的神经症倾向，显然他们肯定会有症状，而且不会直接达到健康状态。后者尤其依赖于持续而稳定的情感发展环境。需要注意的是，高神经症倾向的孩子和被标记为患有精神病的孩子（那些呈现出假性神经症表现的孩子，而不是正在接受治疗的孩子）会表现出如此多的婴儿期情感发展的基础性障碍，而使得我们逐渐发现使用术语“精神病”也许会更合适些。

婴儿期	2 ~ 5 岁
1．完美的婴儿期	——不可能在这一阶段出现神经症性扭曲
2．不完美的婴儿期	——形成了神经症性焦虑的基础
3．扭曲的婴儿期发展	——很可能形成神经症性紊乱
4．扭曲的婴儿期发展	——神经症掩盖了精神病性的素质，这一素质会在心理治疗的过程中或在“崩溃”的阶段中表现出来
5．扭曲的婴儿期发展	——在这一阶段为神经症性疾病的发展所提供的健康成分不足，即婴儿期精神病已然是事实

我们需要理解在这一分类中遗传因素所起的作用，它可能会扰乱和扭曲原有的平衡。

相对健康的（随年龄而成熟）婴儿会进入到成为一个完整的人的阶段中，在这个阶段中婴儿有自我意识，也能意识到其他人的存在。在这样一个孩子的日常生活中，存在大量我们现在必须要忽略的内容，因为它在婴儿的任何一个阶段都是持续存在的，所以无须在此讨论。

家庭

孩子的心理发展达到某一阶段时，就能够感知到三个人的存在——自己和其他两个人。在大多数文化背景下，这个阶段都是在家庭环境中达到的。在家庭中，孩子可以一步一步地从三角关系发展出各种复杂的关系。正是这个简单的三角关系，展现了人类经验中存在的困难和丰富的内容。在家庭环境中，在时间上父母可以给孩子提供连续性，这个连续性可能是从孩子孕育时开始的，直到象征着青春期结束的依赖性的结束。

本能

显示健康的儿童早期的线索是本能。因此，对本能及其发展进行研究是非常有必要的。

本能是一种强有力的生物驱力，它们在婴儿和儿童的生活中反复出现，并引发行为。和任何其他的动物一样，当本能达到高潮时，它让孩子为满足成熟的本能做好准备。如果我们能在需求的高潮时满足本能，那么孩子便会感觉到快乐，也会感到一种短暂的放松。不完全的或不合时宜的满足会导致不完全的缓解和不舒服，在一波一波的需求之间也没有必需的间歇期。

在这一陈述中，本能需求的不同类型之间并没有很明显的差异，在人类和动物之间也没有很大的区别。这里我们没有必要讨论关于本能的分类，甚至也没有必要确定是否存在一个或者两个本能，甚至一打本能。所有这些都没有关系。

在人类婴儿和儿童中，所有身体功能都包括想象性的加工（基于有功能的大脑），这一点儿童比动物要更真实，所以将对动物心理学的观点用到人类身上是不安全的。因此，我们需要非常小心地将它运用到人类问题中，否则动物心理学有可能会误导我们。

在考虑本能的兴奋时，同时考虑身体功能是非常有意义的。兴奋的部位可能是嘴、肛门、尿道、皮肤、男性或女性生殖器的某个部位、鼻黏膜、呼吸器官或者肌肉组织，也可能是腋窝等那些怕痒的部位。

兴奋是局部的，也可以是全身的。我们可以说全身兴奋为孩子形成整体感做出了贡献，也依赖于孩子在发育过程中达到的整合程度。

在任何部位我们都有可能达到兴奋的高潮，但更多的是在某些特定部位。

我们会发现某些兴奋的组织是占主导地位的，而对所有兴奋的想象性加工都倾向于成为某种主要的本能类型。很显然的是，对于一个小婴儿，摄入器官是主要的，口欲观点中提出的**口腔性欲**是本能发展第一阶段的特征为大家所接受。

在婴儿期中，本能的类型有一定的发展，并以生殖器性兴奋和幻想占主导地位结束，这些正是在婴儿期所有水平得到了充分发展的幼儿的主要特征。在第一个（或口欲）阶段和最后一个（或生殖器）阶段之间，便是其他功能的各种体验和适当幻想的发展。带着适当幻想的肛门或尿道功能以一种过渡的方式成为主要内容，但也可能会永远占据主导地位，并因此预先决定了性格类型。

根据所包含的功能和幻想，占主导地位的本能会有一定的发展：

性器前期
性蕾期
性器期

第一阶段，婴儿具有所有形式的兴奋，也可能是局部的兴奋，但还没有生殖器性质的幻想。这时男婴和女婴有可能很相似。

第二阶段，男性生殖器是一个核心主题，并伴有勃起和阶段性敏感。这时女婴正好相反。这一阶段标志着男婴和女婴出现了分化。

第三阶段，性器期，幻想开始变得丰富，并包含所有青春期会再现的男性和女性行为（插入、被插入，受精、被受精等）。

此时，我们认为从性器前期向性蕾期和性器期发展的观点可以应用到早期的发展阶段当中，这样性器前期本身就可以分为：

性器前期 口欲 口腔性欲（吮吸）
口腔施虐（咬）
肛欲 肛门性欲（排便）
肛门施虐（控制）
和
尿道兴奋及施虐作为可变的选项

我们甚至尝试对这些阶段进行进一步分解（Abra-ham）。当然，将所有这些工作都放到婴儿期本能生活的理论当中是不明智的。尽管如此，虽然我有意不呈现其他模式，但是考虑到以后的工作对该部分内容的影响，我们还是需要提及一下这些内容。

下面是一些不同意见：

（1）并不能确定最初的口欲活动有性幻想的内容（即没有施虐或矛盾前的），然后是施虐的、毁灭性的，以及所谓的矛盾的。这样说似乎要好一些，即婴儿变了，他（她）变得冷酷，并开始被关注。这种矛盾与婴儿的自我改变有关，而与本我（或本能）的发展无关。

（2）肛欲期极其容易变化，因此我们无法像在口欲期或性器期那样找到一个与其对等的物体。例如，对于一个婴儿，肛门体验具有性兴奋性，与排便时的兴奋时刻有关；而对于另一个婴儿，则是以肛门的接受性体验来代替口部的性兴奋；对于第三个婴儿，主要元素则是控制，无论是由于训练，还是由于肛门部的疼痛（肛裂），或者是由于剥夺（失去排泄的正常部位）。

（3）关于肛门体验，与尿道体验一样，主要观点是物质排泄。这一物质也有它自己的历史，它曾经存在于体内，最初是口部体验的一个副产品。因此，肛门（和尿道）体验在本我成长中远不止是一个阶段，它也无法被精确地分类和计时。尽管如此，在本我的成长中，冠以性器前期、口欲性质的分类会在各种各样的肛门（和尿道）体验之前出现，这是真实的。皮肤性兴奋不能被包含进这一主题的内容中，因为从某种程度上来说它是由口部、肛门部和尿道扩展而来的，过分地强调皮肤会涉及自我沮丧，而这并不在我这一部分阐述的范围之内。

相信通过这样的回溯历史的方式，读者已经对这些事实形成了自己的观点，这是使理论在任何时候都能变得通俗易懂的唯一办法。

我个人更喜欢下面所画的比较实用的图表，但它却并没有紧扣主题，因为这个图表越过了本我的成长，进入到了自我的发展当中。

我们可以看到在性器体验成熟的过程中，人类本性的女性气

性器前期
消化道
摄入 —— 残酷
摄入 —— 关注
排泄 —— 肛门部
排泄 —— 尿道体验
物质被排出 —— “好的”
物质被排出 —— “坏的”

性蕾期
男孩和女孩的男孩气质
男性生殖器 —— 插入
男性生殖器 —— 受精（主动的）

性器期
女性生殖器 —— 被插入
女性生殖器 —— 被受精（被动的）
女性生殖器 —— 保持和解除

质需要性器前期这一阶段，而男性气质却不需要。

尝试划分性器前期的本能会有某种固有的无法令人满意之处。这和我们想从幼儿阶段来回溯婴儿期，而不是直接看婴儿有关。但在此刻，我们是有意这样做的。我们努力持续观察那些有着健康婴儿期体验的幼儿，这些幼儿现在很关注性器类型的本能体验，我们要注意到本能的性器类型是从性器前期发展出来的，而且这也显示出孩子的遗传素质在健康中的踪迹，在疾病状态下，这样的遗传也与扭曲有关。

在对性器功能的想象性加工中，性器前期持续的重要性会自动显现；我们仍有可能清楚区分男孩（以及女孩中的男性气质）对性蕾和性器的幻想性体验。在第一阶段中，勃起是很重要的。这点非常重要，而丧失这一认识将会是非常糟糕的。勃起和敏感要么与所爱的人直接有关，要么是与所爱的人观点不一致。在第二阶段性蕾期中，插入和受精成了更开放的目标，此时一个真实的人有可能会成为爱的客体。我们能够在多大程度上客观地看待这个人是稍后必须讨论的一个问题。

我们会注意到在性蕾期，儿童的表演（炫耀）与幻想是一致的，而在性器期，儿童的表演是缺乏的，他们必须要等待，直到有能力将梦想付诸行动（即我们所熟知的青春期）。这是一个很重要的区分，因为它暗示着在性器期，儿童的自我能够应对大量令其感到沮丧的事件。害怕被作为对手的父亲阉割变得可以接受，因为这一情绪是替代无能感所带来的痛苦的一种方法。

很快我们就会看到性蕾期汇集了很多性器前期的内容，以及那些很难用现在大家所接受的术语来描述的内容。但是，重要的是勃起，它是关系的一部分，并与在所爱的人身体内造成不可逆转的改变这一想法有关。

幼小儿童关于阴道的观点的发展在很大程度上会受到文化形式的影响。男孩关于阴道的想法来自于他自己的口（和肛）欲，也来自于某些与阴道感觉完全一致的事物以及对适当欲望的渴望，这些似乎都存在于男孩当中，尽管并没有真实存在的开口。

女孩的情况比男孩要复杂得多。男孩只是回溯到性器前期，而对于女孩，除了在梦和游戏当中，完全的性器期、怀孕和母乳喂养的能力仍然在遥远的未来才能实现。这与对母亲和女性的认同能力有关，在那些早期便迎合这一认同（蹲的姿势等）能力的文化中，似乎是没有“女孩中的男性气质”的。但是女性中的男性元素却总是存在的，而且很重要，其结果便是产生一系列的想法，我们可以用下列词语来说明：

> 我有阴茎。当然，我会长一个阴茎。我曾经有一个阴茎，但是我被阉割了（因为兴奋而受到惩罚）。我将使用代理阴茎，让一个男性来代理我。我会让男性利用我。这样，我的缺陷便能得到弥补，但这也必须要依赖于男性才能完成[①]。通过这些我发现了我真实的女性性器。

通过这种方式，女童会迂回进入青春期或进入到成年生活中，能够成为一个女性，但这条路线是一条不稳固的路线，为

[①]在性蕾期，男孩已经完整了；在性器期，他依赖女性达到完整。

沿着同性恋路线发展等提供了很大的机会。通过以上描述女性性欲的词句，我们可以看到小女孩的不开心和痛苦会占据很大的空间。在她们的兄弟们炫耀的时候，她们会感到被贬低，也会用她们的整个身体作为性蕾的代表来掩饰自卑，或者通过找到性蕾来代替玩具婴儿[②]。然而，所有的解决方法都是不稳定的，它们会认为女性丧失阴茎是理所当然的，或者男性由于其性蕾会是至高无上的。

我们的文化倾向于培养这种观念，尤其是通过不给小女孩的性器开口命名或不承认其特殊的重要性。没有一个英文词汇能够真实地对应男性性器，但在护理中，我们日常应用的术语却不可胜数[③]。然而，在护理中，通常对阴道也没有语言上的识别。

对男性的想象性认同丰富了女孩对男性功能的欣赏，并最终加强了她与所选择的男人之间的个人关系。

当然，在对女性神经症的分析中，完全认识到阴茎嫉妒是很有必要的。我们可能很难承认阴茎嫉妒，但这是治疗中最有力的部分。对那些完全没有意识到阴茎嫉妒的女性而言，治疗开始时是相当困难的，这些女性在其女性生殖功能基础上茁壮发展出的女性性欲，可能已经使她们成为令人满意的妻子，拥有了家庭、孩子，甚至是孙子。

阴茎嫉妒作为女孩和女性中一个强有力的驱力，是不能被忽

[②]修改笔记：相应的，男性对女性的嫉妒也要得到陈述。

[③]然而，如果认为这只是文化神经症，则是非常错误的。因为那些小女孩很早就被允许了解女性功能的文化并不见得就是对女孩最好的选择。

视的，但除了这一点，毫无疑问还存在基本的女性性欲和幻想，这些从婴儿的很早期便已经开始出现了。伴随着婴儿期喂养和以后的肛门体验，阴道很可能会变得活跃和兴奋，而即使不是确实很隐秘，真正的女性性器功能也往往趋于被隐藏。有时性器的性兴奋元素会变得很夸张（正如与早期剥夺有关的强迫性手淫，甚至会造成明显的阴部水肿），但通常情况下，幻想的类型是集合起来的，而且是秘密的。在肛门体验期，厌恶会随着粪便一同排出，而在尿道体验中则倾向于保持，但在性器期，想法会通过认同母亲或能够体验和怀孕的大女孩来找到最完全的表达。小女孩的游戏表现出母性的倾向（到目前为止她是一个真正的女性），而真正的性器功能并不像男性那样明显（男孩和女孩都一样）。另外，与女孩相比，男孩的梦或游戏中会有更多的伤害性情节。

游戏《我们能保密吗？》属于典型的人类本性中的女性一面，就像打架和把东西塞进洞里属于男性一面一样。除非一个女孩能够保密，否则她就不可能怀孕。除非一个男孩能打架或把火车推进隧道，否则他也不可能使人怀孕。在小孩子的游戏中，我们可以发现他们主要的身体功能的想象性升华，尤其在分析性治疗中，通过孩子的游戏和语言，我们可以非常接近孩子的心理现实。

如果阅读精神分析文献的读者了解了一些分析性理论，并且将之认为是最终的结论，永远不必修改，那么他们会很容易变得没有耐心。精神分析理论一直在发展，而且它必须通过一个自然过程来发展，这与我们所研究的人类情感状态相似。阐述女性生殖的早期根源的最好办法或例子便是从历史发展的视角来阅读精神分析理论[④]。

关于精神神经病学的研究显示，在阐述女童的发展时，我们不可能绕过阴茎嫉妒和关于“被阉割的男性”的幻想。但是在大约 20 年前，根据对文献的研究，我们可能会发现那时的精神分析中没有描述任何类型的女性生殖，而是将女性看作是一个被阉割的男性。

实际上本书这一部分所尝试陈述的关于本我发展的进程更适合描述男性元素，而不是女性元素。女性功能和幻想非常关注性器前期中的根源，或许女童成长为**女人**的过程会比男孩成长为**男人**的过程有更大的空间[⑤]。另外，为了描述女性性欲，我们有必要深入了解儿童对她自己和母亲的内在幻想的发展，这呈现的是另一个模式，这一模式会在“情感发展中的抑郁位态”这一标题下尝试进行陈述。由于这些原因，同描述男孩而进行的关于男性性欲的陈述相比，任何描述女孩而进行的关于女性性欲的陈述都会更加不完整。

然而，在健康的情况下，大约 1.5 ~ 2 年，小女孩和小男孩一样，都到达了这样一个阶段，即可以描述人际间的关系，这些关系中也包含着本能。这些本能经过了性器前期，她们身体

[④]见 Jones, Ernest（1927）的“The Early Development of Female Sexuality”和 Freud, Sigmund（1931）的 *Female Sexuality*。

[⑤]我认为在神话和梦中出现的这三个女性并没有准确的相对应的男人。有观点认为，在性交的时刻每个男人都是他自己，但对于女孩来说，似乎不是她自己，而是多重身份的组合：女婴、堕落的新娘和老女人。这本身是一个很有价值的主题，但不适合在此讨论。

的某些部位和幻想类型都已经进入到性器期。当小女孩感到性兴奋时，在她头脑中有一个男人，她所渴望的正是这个男人的阴茎。

男孩身上的女性元素（男性方面也一样）也是固有的，虽然根据遗传会有所不同。环境的影响包括个体环境和更普遍存在的文化模式的影响。小男孩会认同女性的生殖功能，也会认同女性的母亲角色，我们必须要注意到这两种认同能力之间的区别。在我们的文化中，后者比前者更能让人接受；同样，对于个体的男性功能而言，后者也不那么令人困扰，因为这与幻想的类型有关，而不是与身体功能的区域有关[⑥]。

我们已经普遍接受所有的人都有两性元素，尤其是在幻想和认同的能力中。决定一个孩子成长的主要因素是孩子在重要的年龄阶段所爱的人的性别，这就是我们现在所考虑的阶段，即在婴儿期和潜伏期之后。当孩子的性欲主要随着身体的先天条件来发展时，就是极其合适的，即男孩以雄性特征为主，女孩以雌性特征为主。然而，如果社会能够接纳儿童情感发展过程中的同性恋和异性恋因素，则会获益更多。即使男孩子对母亲表现出强烈的认同感，甚至有点女孩子气，如果他的性格发展在其他方面都能让人满意时，也是有价值的。人们不仅能容忍女孩子身上具有某种特定的男性气质，有时甚至还期望看到并重视她们的这种气质。

[⑥]修正笔记：要明确一般的同性恋和同性恋中口腔性欲向肛门性欲的转变。

爱的关系

现在，我们可以来探讨标志这一阶段的其他现象。

所有事情的基础都是孩子与他人之间发展出来的爱。这些人逐渐地被孩子感知到，但这并不意味着他们能够被客观地、完整地感知到。某些孩子很早就开始能够将他人作为其本身来了解，而其他的孩子则更加主观，几乎无法这样来了解，直到他们具有了想象的能力。如果母亲的形象会改变，那么越主观的孩子面对的风险就越少；而不那么主观的孩子会通过欣赏不同的人的真实面貌而有所收获，但所面对的风险也会更大，在丧失时，他（她）忍受的痛苦会更多。

如果我们将没有精神疾病（即没有我们所认为的那些精神科疾病）看作是健康的，那么健康会在第一次处理三角关系时建立起来，那时孩子会受到在 2 ～ 5 岁时新发展出的、具有生殖特征的本能的驱动。我个人正是用这种方式来解释弗洛伊德提出的男孩的俄狄浦斯情结，以及在女孩中与此对应的情结的（颠倒的俄狄浦斯情结、伊莱克特拉情结等）。我认为如果将“俄狄浦斯情结”应用于更早期的阶段，则会丢失掉某些内容，这一阶段只包含两个人，而第三个人或部分客体正在内化，这是内在现实的一个现象。当三重奏中的一人或多人是部分客体时，我看不出运用俄狄浦斯情结这一术语的价值。至少对我来说，在俄狄浦斯情结中，三角关系中的每个人都是完整的人，这不仅是对于观察者而言，对于孩子来说更是如此。

以这种方式，在描述以本能为主导的第一个人际关系时，

“俄狄浦斯情结”才有其价值。幻想和身体功能都被包含进来。在幻想中，我们的目标是母亲和儿子的性联合，这包含着死亡，即父亲的死亡。惩罚在象征层面以孩子被阉割的形式出现，正如在古老的神话中以刺瞎双眼的方式呈现一样。正是阉割焦虑让孩子能够继续活下去，或者让父亲能够活下来。象征性的阉割会带来缓解，而神话中的刺瞎双眼传达出的观点便是我们现在所称的“被压抑的潜意识”。通过阉割和痛苦，儿子最终获得了心理上的释放，但是如果他已经被杀掉了，他便不会有痛苦，也不会找到这样的解决方式，这样悲剧便是不重要的，而仅仅只是一出戏剧[7]。

不要过多地相信伊莱克特拉神话是明智的，因为我们首先要问这样一个问题：我们是否要阐述以男性的方式发展出来的女性性欲，将阴茎嫉妒和阉割情结作为核心主题，或者更直接地发展出与母亲认同和与母亲对抗，以及对特殊的女性生殖器功能的想象性加工？如果我们必须要找到一个术语，那么“颠倒的俄狄浦斯情结”的伤害性会小一些，因为它只是指出对于女孩来说会是另外一种方式，从而把这一主题的发展变化都留在我们的想象中。

因此，俄狄浦斯情结是对健康成就的一种描述。病态不属于俄狄浦斯情结，而属于想法的压抑和功能的抑制，这些压抑的想法和功能是由痛苦的冲突引起的，并且是矛盾的。例如，一个男孩发现他憎恨并想要杀死父亲，同时也很恐惧父亲，而父

[7]在神话中，俄狄浦斯最终经历了……

亲也是他所爱和信任的，这一切是因为他正爱着父亲的妻子。在完整的家庭中，这个男孩的情感发展是快乐的，身体发育也是健康的，而且这个男孩所了解的父母也能够看透这种棘手的情景，父母能够忍受这些想法，他们之间的关系也足够平静，这样他们并不担心因为孩子的爱和恨所引起的关于忠诚的压力。

当孩子以相对开放的方式达到这一阶段时（假设早期阶段的发展是健康的），便能够体验人类最极端的感受，而不需要采用过度防御的方式来对抗焦虑。神经症症状便是对抗焦虑的防御组织，事实上这便是阉割焦虑，这种焦虑来自于俄狄浦斯情结中固有的死亡愿望。异常的表现其实是指向着正常。

2

本能理论中关于健康的概念

现在我们已经对小孩子的本性、健康的含义和各种因素，包括内在和外在因素等有了一定的了解，这些因素使持续发展的基本过程变得复杂。

功能的想象性加工

健康发展的基础是身体的成长，也包括随着年龄改变而出现的婴儿器官功能的改变；这带来一项重要的改变，即从消化道改变转向生殖器的改变。对身体功能的想象性加工成为有序的幻想，这本质上主要由身体的部位所决定，但由于遗传和经历，所以对于每个个体来说都是特殊的。重点可以是摄入或排出，也可以是生殖器的兴奋，这些为狂欢体验所做的准备取决于在那一时刻幻想的类型，无论幻想是极度兴奋的，还是狂欢的。

我们也必须考虑到功能的想象性加工存在于躯体的各种功能及其不同程度的兴奋中。根据其意义之一[①]，潜意识指的是接

[①] Freud, Anna：（1936）*The Ego and the Mechanisms of Defences.*

近躯体的幻想，这几乎是无法意识到的。另一端则是自我意识，以及对进行狂欢性体验或功能性体验的个人能力的意识。我并不能将这一点阐述得非常令人满意。在这一部分，我并没有深入钻研自体建立的问题，我认为自体的出现是理所当然的。

即使情感发展的早期阶段是令人满意的，仍然需要长期稳定的环境，这样人格能够与意识的各个层面整合得很好。

心理

心理形成于身体功能的想象性加工（其本身取决于一个器官——大脑的容量和健康运转）。我们可以说接近身体功能的幻想取决于大脑中进化得不那么现代的那一部分的功能，而自我意识则取决于人类这一物种在进化中获得的更现代的功能。因此，通过与组织和器官功能的联系以及与大脑的联系，心理和身体有更基本的联合；也是通过这种方式，它与在个体的幻想和思想中发展出来的新关系交织在一起，既在意识层面，也在潜意识层面。

灵魂

对我来说，灵魂属于心理范畴，因此它最终也取决于大脑的功能。我知道这是我个人的观点，它几乎与每种宗教的观点都相反。因此，我非常没有自信地坚持着我自己的观点。对于每一个有所思考的人来说，在这一点上形成个人的看法是有非常大的实践意义的，然而，用前额叶皮质切除术来治疗精神障碍的现代治疗方法，是通过对健康大脑功能的故意扭曲来获得心理痛苦的缓解。

对于那些坚持灵魂是从外部移植进人体的，而并不是个人特质的人来说，他们很自然地会认为脑白质切除术并不会带来损害，因此，这种手术也就成为缓解痛苦的众多手段之一。有些人坚持认为“灵魂”（如果它有某种意义）意味着某些在个体成长过程中发展出来的内容，对于这些人而言，这种为了缓解痛苦而对**健康的**大脑功能造成的故意扭曲必然会使人付出高昂的代价，因为它不可逆转地改变了心理以及灵魂存在的基础；在治疗以后，所剩下的将不再是一个完整的人，心理或者灵魂也不再完整。

我个人的观点认为，我们不能因为看到患者从痛苦中得到了解脱，便说患者从脑白质切除术中获得了帮助。我的论述中可能有瑕疵，但这是个严肃的问题，那些使用脑白质切除术作为治疗的人也必须要表明瑕疵。对于他们来说，持续报道症状的解除和可观察到的痛苦减少是不够的。世界上绝不存在凭空的痛苦缓解；某些遭受到痛苦的人可能会有缓解，但（对于在这一点上坚持我所持有的观点的人来说）这不一定是负责任的，因为这种方法将一个遭受痛苦的人改变成另外一个没有痛苦的、不完整的人，并且这个人也不再是最初来进行治疗的那个人了。

因为身体与心理之间的关系是基础，也是健康状态得以建立和保持的根本，所以我在对人格的剖析中使用了“心身”这个术语。当然也存在“思想”，这是心理中一个特殊的部分，它不一定与身体相联系，虽然它也依赖于大脑功能。我们沉溺于幻想当中，幻想中有一个我们称之为思想的位置，在这里理智能起作用。每一个个体都会将思想放在某处，在那里当我们努力思考时，会感受到肌肉紧张或体验到血管充血。在想象中，大脑本身并没有被用以安放思想，因为大脑的运转并不会被察觉到；大脑在默默无闻地工作，并没有要求被承认。

兴奋状态和安静状态

在描述健康的幼儿时，我们可以区别兴奋状态和非兴奋状态，这会很有益。本能可以很清晰地决定兴奋阶段的问题，在这一章中，在兴奋状态之间所发生的事件不是避开本能，从而为本能的最终满足做准备，就是通过游戏或实践幻想这样间接的方式来保持本能的活跃性。在游戏中，身体参与到行为中来显示出自身的价值，而在幻想中，身体通过与幻想一道将身体性兴奋合适地局部化这样的次级方式来显示自身的价值，就像幻想总是和身体功能并存一样。健康状态下的手淫和相对非强迫性的手淫是为了在避开成熟的本能性体验的前提下保持本能的活跃性。在儿童中，其本能生活的沮丧甚至比成年人更加肯定，也部分由于这个原因，我们可以看到在童年期对游戏和创伤性想象进行的评估相对更多。

在人与人之间的第一次三角关系中，这也是我们在这里所研究的，儿童被本能和爱打倒。这里的爱包含身体和幻想的改变，并且它是暴力的。它会导致恨。孩子恨第三个人。孩子曾经是一个婴儿，已经知道了爱和攻击，他（她）很矛盾，很恐惧他（她）所爱的会被毁掉。最后，在三角关系中，恨会自由地显现出来，因为所恨的是一个人，一个可以保护自己的人，一个已经被爱的人；事实上（在男孩的情况下）这个人就是父亲，母亲的丈夫。在最简单的情况下，通过使父亲成为被恨的客体，对母亲的爱释放了出来，这个父亲是能够生存下来、惩罚并且原谅的。

在健康的情况下，高度兴奋时，会产生巨大的焦虑，这种焦虑也是需要被忍受的。这样，才会得以恢复，即从高度的本能紧张中恢复过来。然而，由于痛苦的冲突或恐惧，常常出现的真实情况是必须防御，神经症式的儿童和普通健康的儿童相比，更少地意识到所发生的事情，因此更剧烈并且更盲目地对抗着惩罚。

俄狄浦斯情结

现在我们可以列举这个阶段的孩子（即很好地经历了婴儿期的儿童）能够采用和组织的、用于对抗焦虑的各种各样的防御。可能的、最简单的情况是男孩爱上了自己的母亲，弗洛伊德基于这种情况发展了他的理论。父亲被男孩当作良心的原型。男孩吸取了他所了解的父亲形象，并与他和解。但其他的事情也在发生，这些事情是可以被列举的。男孩在某种程度上丧失了本能，并因此否认了一些他原本要求的东西。在某种程度上，他替换了他爱的客体，用一个姐妹、阿姨、护士，或某个跟他父亲没有那么多关系的人来代替母亲。在某种程度上，这个男孩进入到与父亲的同性恋部分当中，这样他的潜力便并不完全是他个人的，相反（通过认同），一种新的、对父亲潜力的表达得到了吸取和采纳。所有这些都在男孩深层次的梦中，在即刻的、意识层面的表达中是无法全面了解的。通过与父亲或父亲形象认同，男孩通过代理权获得了某种潜力，即属于他自己的、延迟的潜力，这会在青春期重现。

防御崩溃表现为直白的焦虑，不论是在噩梦中，还是在清醒时的某些表现中。这一表现的本质不仅取决于恐惧的生理机制②，也取决于意识或潜意识中幻想的本质。

我们必须假定需要协调这些危险因素的健康儿童生活在一个相对稳定的环境中，母亲的婚姻很幸福，父亲也已经准备好要为孩子尽到他的责任，逐渐了解自己的儿子，能够以一种微妙的方式来给予和获取。他能很自然地获得这种方式，因为这个父亲自己也是小男孩的时候曾经与自己的父亲有一段非常愉快的经历。

当孩子到达早期本能功能的阈值时（2 ~ 5 岁之间），张力就会出现，然后这种张力得到了解决，或者更多的情况是随着时间的流逝被搁置了起来。随着潜伏期的到来，孩子从需要不断地适应发展本能的张力中释放出来，并且能够安定几年（正如其名称所示），在其内在世界中保持着对生殖本能所主导的早期阶段中经历过、观察过以及想象过的事件的体验。

因此，通过这种方式来看童年期时，和采用其他方法一样，我们可以看到痛苦、遭遇和冲突，当然我们也会看到快乐。

②要注意到恐惧的生理机制，正如兴奋和憎恨一样，但是不存在焦虑的生理机制，因为这种复杂状态的表现取决于恐惧、憎恨、爱、兴奋等在幻想中的平衡，而且这是个体的一个事件。

重新陈述

弗洛伊德有一种描述这些事物的方法，这种方法现在已经为大家所共知。他将本能驱力称为“本我”；对于自体与外在世界相联系的部分，他使用了词汇“自我”。在很多年里，他的工作是研究自我与本我冲动之间的斗争。这包括用以前从未有过的方式来面对本我的心理学。通过那些为了获得患者的潜意识而发展出来的技术（精神分析），弗洛伊德能够向世界显示本我冲动的本质和力量，即本能的本质和力量。他显示出那些与冲突和不可忍受的情感相联系的内容都被压抑了，而自我的资源也随之耗竭。

我们可以很轻易地说在那个阶段，精神分析只关注那些令人不愉快的事物，并且那些对这一深入人类本性的新研究不友好的人往往认为，在精神分析中，本我和潜意识是同一个内容、同一件事情。然而，我们所研究的正是自我如何试图与本我和谐相处③，既能够使用本我的能量，同时又不会过多地干扰自我与世界或理想之间的关系。

最终（1923 年），弗洛伊德引入了术语“超我”来描述最初被小男孩吸收并被用来控制本能的父亲形象。弗洛伊德知道小女孩的情况与小男孩并不完全相同，但是他让这一理论在他的头脑中以这种方式发展了下去，并假设这一问题迟早会自动显现出来，而且我认为这一问题确实显现出来了。关于小男孩健康地到达这一阶段，弗洛伊德清晰的陈述仍显现出价值（我们

---

③在精神分析理论中，自我被认为是本我的一部分。

现在看来是太过简单了)。小男孩基于对真实人类即其父亲的理解，建立了自己的想法。他的父亲是一位他在现实生活中了解，并且能够进入他的梦境、内在现实以及深层次幻想中的男人。以上这些只有在儿童可以健康地持续发展并且处于稳定的家庭环境中时才能实现。

通过介绍超我的概念，弗洛伊德在理论上对超我的阐述比之前更为清晰。他在阐述超我的同时还考虑到了自我的问题、自我意识的成长、理想自我及目标，以及自我对本我驱力的防御。但这在弗洛伊德的著作中并不鲜见；而且如果过早地使用超我这一概念，从而延迟了将自我引入本我，那么就很可能抵消精神分析的作用。

随着时间的推移，超我的概念也得以不断拓展，尽管这一术语基本上还是用来描述与自我相结合或合并或组织在一起形成控制、定向、勇气和支持的任何因素。这里说的控制并不仅仅是对本能的控制，也是对自我中来源于本能体验的记忆和幻想的这一复杂现象的控制。这样的理解能帮助我们进入下一个阶段，也就是处理心理发展中的“抑郁位态”。

照这一阶段的说法，个体 3 ~ 4 岁时的情感发展达到一个顶峰。这时候的小男孩或小女孩都已经发展成一个独立的人，并且他们也能感受到周围的人是完整的个体。在这种情况下，儿童能够感受到生殖器的性欲，只不过人类儿童一直要到青春期才会具备生殖能力。因为这一内分泌现象的延迟出现，或者说在这一被称为潜伏期的阶段，儿童必须最大限度地完成对父母和其他成年人的认同，必须学会利用在梦中和玩耍中获得的体验，必须学会利用伴随或不伴随身体的幻想，从而不需要他人就能获得身体的满足感。在儿童的能力范围内，他们必须会运用性器前期或不成熟的生殖器所产生的这一类体验，并且他们也必须充分明白一个事实，即随着时间的流逝，也许是几小时甚至是几分钟，任何感觉都可以缓解，不管这种感觉有多么难以忍受。如果这时候有一个理解并熟悉他们的人陪伴，在他们感觉到仇恨、暴怒、愤怒、悲伤、绝望的时候能让他们平静下来，就没什么问题了。

童年期的性欲是非常真实的感觉，它可能不成熟，也可能成熟，当潜伏期发生变化时这种性欲得到释放。如果在这一人际关系的第一阶段结束时，儿童性欲的性质还是不成熟的或扭曲的或被抑制的，那么它就会在青春期以一种不成熟的或扭曲的或抑制的状态重现。

婴儿性欲

弗洛伊德发现性器期性欲是由性器前期性欲发展而来的，而且他认为本能就是性欲，除非它能自我保存。“婴儿性欲”这一术语由此诞生，许多人都曾希望弗洛伊德在他的理论中没有坚持这个观点。

我个人的看法是，对弗洛伊德来说，追溯成人或成熟的生殖器性欲的起源直到童年期的性器期性欲，再找到童年生殖力的性器前期根源，这一整个过程是非常重要的。这些性器前期的本能性欲构成了婴儿期的性欲。为了体面而修改一个概念是非常容易的事情，但是在顾及面子的同时可能也出卖了至关重要的原则。婴儿性欲本可以继续作为术语，来描述某些被剥夺了关爱或在建立关系上有严重障碍的婴儿所无法控制的生殖器活动，但用它描述本能生活的整体发展时则更有其存在的价值。这就是弗洛伊德对这一术语的定义。不过，对这一术语的看法还会存在争议。

一个孩子在 4 岁的时候进入人际交往的阶段是完全可能并且健康的，他们能充分利用本能并拥有充分的性生活（除了前面描述过的生理上的局限以外）。

现实和幻想

健康的儿童能够梦想生殖器性欲。在能被记起的梦中，弗洛伊德对所有梦中的工作都进行了严谨的分析。在不能被记起和没有完结的梦中，本能体验最终都会得到满足。取代父亲位置的男孩不可避免地要应对：

父亲死亡的想法及他自己的死亡。
被父亲阉割的想法，或阉割父亲的想法。
为了让母亲满意而承担所有责任的想法。
在同性恋方面与父亲妥协的想法。

在女孩的梦中，她不可避免地要处理：

母亲死亡的想法及她自己的死亡。
抢走母亲的丈夫、抢走他的阴茎、抢走她的孩子的想法，以及她自身不能生育的想法。

同情父亲的性欲的想法。

在同性恋方面与母亲妥协的想法。

父母、家的环境、熟悉的事物真实存在，使儿童得以区分所谓的现实和幻想，进而找到应对的办法。看到父母在一起的事实，使他们将现实和梦想分开，也使他们中的一个死亡的想法可以被忍受。原初场景（父母在一起的性生活）是个体稳定性的基础，因为它使取代父母其中一方的梦有可能出现。这一说法并没有低估原初场景的影响，即孩子亲眼目睹父母性交的过程会给孩子带来最大限度的压力，并且会对孩子造成创伤（这一过程的发生与孩子的需要相去甚远），所以孩子被迫看到父母性交的场景就会导致疾病。原初场景的作用和危险都需要被陈述。

在其他方面令人满意的父母也可能很容易在对孩子的照顾方面失败，因为他们不能够清楚地区分孩子的梦和现实。他们可能把一个想法说得跟真的一样，或者草率地把一个想法当做行动来回应。与行动相比，他们可能更惧怕想法。成熟意味着有能力忍受想法，父母需要具备这样的能力，这种能力最好的表现就是社会性成熟。一个成熟的社会系统（对行为会有一些要求）允许思想自由以及对这些思想自由表达[4]。孩子只会逐渐发展出区分梦和现实的能力。

---

[4] Winnicott，D.W.:（1950）Some Thoughts on the Word “Democracy” and Money-Kyrle，R.E.:（1951）*Psycho-Analysis and Politics*.

健康的孩子在某种程度上不能忍受在他们的本能体验达到巅峰时所带来的冲突和焦虑。童年期所固有的矛盾心理要通过对所有功能富有想象力的阐述得以解决；没有幻想，对食欲、性欲和仇恨的表达都将会非常粗糙。因此，幻想看来是人类特有的，是人类社会化和进化的产物。

潜意识

当描述健康的和神经症水平（非精神病水平）的儿童的潜意识，以及与潜意识相关的特殊例子时，其核心内容被称为“被压抑的潜意识”。

精神分析的主要工作包括将神经症患者的潜意识意识化。这个过程主要通过患者和分析师关系的重现得以完成。治疗神经症看起来是从意识开始着手工作的，然后患者会对意识触及不到的东西感到不舒服。神经症患者的一个特点似乎就是渴望自我意识。对这些人来说，分析让他们意识到更多的内容，也更能忍受无意识的感觉。与此相对，精神病患者（一般精神病类型的个体）不太关心意识，他们存在于感觉中或一些神秘的体验中，他们对理性的意识持怀疑和鄙视的态度。精神病患者根本不期望通过分析得到更多的意识，但他们还是会逐渐希望能够有更加真实的感觉。

在精神分析的工作中，患者可能会意外地在分析性情境中获得一些之前在潜意识中的东西，这些内容甚至会被患者强烈否认，但分析师要经常做好准备来面对，这些表现正是明显的潜意识的证据。在神经症患者与分析师之间，会反复出现一些特殊的关系，这些特殊的关系都承载着患者的神经症症状，也是患者疾病中的一些典型表现。这一现象被称为“移情性神经症”。在对移情性神经症进行分析的过程中，疾病得以一点一点地在高度专业化和高度控制的情境中呈现，而分析师则负责保证、提供和保持这一高度专业化和高度控制的情境。

心理治疗中最不可原谅的罪过莫过于分析师利用分析关系满足个人欲望。这非常接近医生们潜在的诅咒，比如给患者开性交的处方。希波克拉底表明他理解公元前400年时，医生认为患者把私人的关系模式带入专业治疗是有利的，并且我们认为，这种私人的关系模式起源于俄狄浦斯情结和反转的俄狄浦斯情结，这在童年早期就已经被设定。此外，弗洛伊德会利用患者在专业关系中的个人角色，精心安排尝试将患者的过去带入到当下的关系中，所以还要考虑到变化和成长，否则关系就会很僵硬。

移情性神经症的滥用包括对儿童进行性引诱，因为儿童还不能够做出正确的客体选择，他们的观察仍非常主观。这种情况导致的结果就是，如果一个患者在童年时遭受过这种引诱，那么他就很难信任分析师所认为的最能够有效工作的方式。在此要注意的是，对分裂型精神病[5]的分析和对神经症的分析在本质上是不同的，因为前者要求分析师能够忍受患者现实中依赖的退行行为，而后者需要分析师能够忍受想法和感觉（爱、恨、矛盾等），并且能理解这些发生的过程，还需要分析师通过恰当的语言表达对患者的理解（对患者准备好允许进入意识层面的

[5]在这一点上不涉及躁狂 - 抑郁型的精神障碍。

东西进行解释)。分析性治疗中一个正确且时机恰当的解释会给患者（非精神病性的患者）一种身体上被抱持的感觉，一种比真正的拥抱或照顾行为更真实的感受。分析师通过更深入的理解，并使用语言表达这种理解，从而为患者提供一种被抱持的感觉，而这正是患者过去需要被抱持时的感受，在那样的时刻，爱意味着身体上的照顾和适应。

小结

在心理健康的情况下，5 岁左右的孩子的本能发展趋于成熟，早于潜伏期所对应的实际生理年龄。在前潜伏期出现过的本能发展模式以及对抗焦虑的防御机制会在青春期再现，并在很大程度上决定着成年后的本能模式和能力。如果防御焦虑的机制比本能和意识层面的控制以及其对行为和想象的影响更明显的话，那么临床上表现出来的就是神经症而不是健康状态。

人只要活着就会不断成长，特别是如果个体还是健康的，更会不断地成长。但是就本能的各个方面而言，例如本能的有效性、本能的控制和神经症方面的局限，如果在个体早年，（正常的）家庭为其成长提供了理想的环境，那么其巨大的发展进步都集中在这个阶段，因此，可以说个体的本能在其成长过程中只会产生一些微小的变化。在青春期，个体会产生巨大的变化，这些变化以内分泌为基础；同时，在个体的生命中第一次让生殖真正成为生殖器功能的一部分。

这些因素都包含在分析师与神经症做斗争的无数个小时中，而这对于学习《人类本性》这本书的同道们来说都是极其重要的。确实，对于那些并不想成为分析师的人（绝大多数读者）来说，可能本能发展的现象以及对阉割焦虑的防御并没有什么实际的意义。就好比说假如一个孩子有恐怖症，那么你去告诉他（她）的老师如果这个孩子接受分析会发现一些问题，而这对老师而言并没有什么作用，特别是接受分析的人还那么少见。

不过，对于任何关心孩子且值得信任的人来说，能理解一些书中的内容还是有用的，并且在管理很小的孩子时，如果能够理解为什么保持一个稳定的环境是最基本的要求，那么将会有很大的帮助。源自本能的很多力量都在起作用，并且在2~5岁之间，每一个孩子都要和遗传、本能、身体特性以及好的和坏的环境因素做斗争，同时建立起人际关系，拥有喜好和厌恶、个人的良心，以及对未来的希望。

根据本能理论得出的小男孩的心理发展图示

爱母亲

恨父亲　　　　　　　　　　　杀人或者死亡

既不杀人也不死亡　　时间因素的幻想[6]　　阉割或被阉割

阉割焦虑

（难以忍受）

防御焦虑——阉割威胁

压抑本能（爱的来源）

[6]修改笔记：发展到客体存活阶段，源自论文 Use of Object 中幻想的起源。

抛弃客体，接受替代者

与对手认同，丧失个人身份

以同性恋的方式与对手妥协

（被动的）

本能退行到性器前期

（保留了爱，回避了阉割威胁，使用坏的固着点）

退行到依赖

（保留了爱，抛弃了成熟，使用好的固着点）

承认内疚，补偿（强迫的）

（因此犯罪被允许）

压抑部分的爱（或恨）

（保留了潜意识）

代价：精力被消耗，丧失了爱（或恨）的能力

在健康的状态下，孩子能够运用一些或所有（以及其他的）防御来对抗焦虑。如果孩子不能够运用某些防御，或不倾向于使用某种类型的防御，那么这是很不正常的现象，而焦虑反而没有那么不正常。

防御的崩溃

焦虑：	噩梦或焦虑发作
新的防御：	利用焦虑的身体表现继发性获益（参见退行到依赖）
	麻木代替压抑
	身体的高潮快感丧失

混淆：	焦虑和兴奋混淆
新的防御：	有条理，目的是隐藏混淆（强迫的）
压抑再次出现：	爱（或恨）出现，很短暂，但没有得到充分的承认
新的防御：	更深的压抑，更高的代价

诸如此类。

第三部分

单元状态的建立

引言：婴儿期情感发展的特点

在前面的章节里，我介绍了本能以及占主导位置的各种本能决定了研究人类本性的方法。接下来要关注的是处于性器期的孩子。人际关系的研究有一套它自己的语言，这套语言源于弗洛伊德早期著作中的术语，但现在已经整合到日常用语中了。

在这一部分，我们会用不同的描述方法来讨论婴儿的情感发展。并不假设孩子已经能够处理三角关系，而是将研究的主题确定为婴儿与另一个人（母亲）之间形成关系的能力。再次假定儿童的早年发展是健康的，这将会在第四部分中进行检验。需要考虑到一些目前被漏掉的东西，比如发展中的孩子的价值感。价值感这一概念恰好切断了健康的概念，不过这二者之间并非毫无联系。在任何年龄阶段，价值感都有可能增加或者减少，也可能被隐藏起来或看不到，这提醒我们，本能和幻想是被压抑的。

我描述的发展阶段是，婴儿在这个阶段成为一个整体，能够感知到自己是一个完整的人（因此能感知到他人的存在），感觉到自己有一个有限的膜，既有内在也有外在。如我所说，所有这些发展导致了这种存在感。

前面章节中的一些概念是观察者心中的理性概念。我采用意识和潜意识以及被压抑的潜意识的概念。现在，取而代之，用图表表示可能会更有助于理解，比如可以用孩子画的画。如一个孩子在纸上画满线条并且来回摆动，用笔在纸上乱画，偶尔会不自主地滑出纸的边缘；然后出现了些新的东西，一条线围成一个粗糙的圆圈，线头连在一起，孩子指着它说“鸭子”或者甚至是“汤米”或者“安妮”。事实上，我们需要的图表是孩子对自我的概念，一个范围，一个二维图画里的圆圈。

婴儿逐渐发展到我现在观察到的位态。在这一阶段，以下的进步是很典型的：

> 有限的膜这个概念出现了，继而出现了内在和外在的概念。然后发展出了“我”和“非我”的主题。关于“我”的内容包括了部分依赖于本能的经验。之后可能出现了对本能经验和“我”的内容负责任的感觉，独立于外在世界的感觉也会出现。“关系”这一术语也有了新含义，即他人、我和客体之间的关系。这些导致的结果是，对母亲身上等同于“我”的一些东西的认知，即感觉到她是一个人，乳房只是她的一部分。

1

抑郁位态

关心、内疚和个体的内在心理现实

所有这些让我们划分出两种状态，即安静和兴奋。儿童把母亲当作一个既关心“我”，同时也是一个提供她的一部分来喂养“我”的人，这逐渐取代了对客体残忍的本能“攻击”。关系中安静和兴奋逐渐整合，我们开始认识到一个现实，即：这两种状态（而不是其中一种）构成了与母亲一人之间的全部关系。这就是所谓的“情感发展中的抑郁位态”。这是一个重要的阶段，包含了婴儿内疚的感觉，以及由于他们自身本能的或兴奋的元素而产生的对关系的关注。

婴儿的焦虑都是很复杂的。他们不只关心自己与母亲两个人的关系（内疚）中的本能因素对母亲这个人的影响，而且还考虑兴奋体验以及被愤怒或被恨所激发的体验（疑病性焦虑）后自身的变化。（除此之外还有偏执性的焦虑，将会分别对它进行检查。）

从冷漠到关心，从我 - 依赖到我 - 关系，从矛盾前期到矛盾中，从一个原始的安静和兴奋状态的分离到自我这两个部分的整合，很容易看到在这些过程中儿童成长了很多。

婴儿要完成这项任务需要时间和持续的个人环境。当婴儿找到达到“抑郁位态”的方法时，母亲一人及时地控制着情境，如果没有她持续的个人关怀，婴儿不会有这样的发展。下面的内容描述了解决办法是如何产生的。

可能很明显的是，人类的婴儿难以承受内疚的压力和恐惧，这些内疚来源于对这样一个事实的认知：自己原始的、残忍的，本能的爱里的攻击性观念是直接指向其所依赖的（有情感依赖的）母亲的。此外，孩子还没有能力来利用父亲进行干预，父亲的干预可以让本能的想法安全些。这一阶段中生命所固有的克服困难的方法来自于婴儿发展出修复的能力。如果母亲掌控着情境，并且每天如此，那么婴儿就有时间区分出本能体验中的丰富的想象产物，并且拯救一些感觉“好”的、支持性的、接纳性的以及没有伤害的东西，通过这些来想象修复了对母亲的损害。在日常的婴儿和母亲之间的关系中，这样的“伤害 - 修复 - 完善”总在发生，并且婴儿逐渐开始相信努力是有益的，并能够承受内疚，因此也可以自由地、本能地去爱。

除非婴儿变得抑制，丧失了兴奋的爱的能力，否则这时健康的婴儿就第一次与能很自然地接受高度依赖的母亲一起，但这时的婴儿并不依赖父亲，因为父亲的任务是保护母亲。临床上可以将婴儿处理抑郁情绪和掌控内疚感的能力看成是健康儿童的一种获益，有助于他们修通现实和潜意识，并能产生对他们将来的关系、游戏或工作有建设性的素材。

因为抑郁情绪属于临床术语，所以此处使用了“情感发展中的抑郁位态”这一术语。这并不是说正常的婴儿要经历抑郁障碍或情绪障碍。婴儿的抑郁症[①]实际上是一种不正常的状态，这在得到日常良好的私人照顾的正常婴儿中几乎很少见。在合适的条件下，婴儿变得能够区分出自身中好的和坏的部分[②]。一个高度复杂的内部状态出现了，这会在游戏中，尤其是在治疗室里的心理治疗过程中表现出来。在心理治疗中（婴儿现在变成了一个小孩子），房间通常代表着孩子有限的内心，分析师以这种方式进入到孩子的内心世界，在这里各种力量之间进行着较量，这里被神奇的力量控制，在这里好的总是会被坏的所威胁。进入到孩子的世界中会感受到疯狂。从我们所看到的孩子的内心世界中，我们会知道需要消除婴儿内在世界中的哪些因素。

坏的部分用来表达愤怒，好的部分用来实现个人成长及修复和补偿，将想象中所带来的损害变成好的。

当然，我只是很粗略地提到了婴儿的潜意识感受和想法及心

[①]见 Spitz，R.A.[（1945）:“Hospitalism”]。

[②]“好”和“坏”这两个词在文章里的意思与其传统上的含义是一致的，它们也是描述每个婴儿感受到的内在事物的极端情景的合适词语——不管这些内在的东西是能量、客体、声音还是味道。我在这里指的不是父母或护士灌输给婴儿的道德方面的好或坏。

这部分的所有内容都来自于我自己所写的书。有很多是基于我所总结的梅兰妮·克莱恩（Melanie Klein）的教学和笔记，以及她所带给我的启示。我整理事物的方式有很多地方都和她不同，我知道她对于我陈述的某些细节不是很赞同。但是我并不试图强行阐述我的观点，因为它们都已经被克莱恩本人及艾萨克斯（Isaacs）、海曼（Heimann）、西格尔（Segal）以及其他的学者陈述过了。我主要是希望它们能得到充分的认识。

理内容，这些心理内容不同于儿童的理解力。

如果母亲（或替代母亲的人）仍然在场或是触手可及的，即婴儿处于一个适宜的环境中，那么就会逐渐出现一个修复的时刻，此时婴儿可以使用其在冥想或消化时刻之前发展起来的能力。也许那时婴儿确实做了些什么（微笑或无意识的爱的姿势，或提供了一个礼物——排泄物——象征着修复和补偿）。乳房（身体，母亲）现在被修复了，这一天的任务就完成了。婴儿带着有限的恐惧等待第二天本能的到来。

在抑郁情绪中，可以说婴儿（或孩子，或成人）掩盖了全部的内心状态，或者控制了内心状态，此时婴儿的内心状态就像一团雾，模糊，或者有些麻痹。随着时间的流逝，有可能神奇的控制会逐渐增多，可以一点一点地厘清，直到最终可能让情绪变好，让孩子的内心世界再次变得有活力。

还有其他种类的抑郁，即精神分裂个体的抑郁。这些与人格解体有关，而与更正常的机制比如带有治愈目的的神奇控制无关。我所描述的抑郁情绪与正常的哀悼以及主观上对丧失的反应密切相关[③]。最初，在婴儿期，断奶是继婴儿达到抑郁位态之后（不是之前）有意义的事件。

成功的修复行为和想法的结果是，婴儿变得更大胆，允许有新的本能体验；压抑有所缓解，也让本能体验变得更丰富。因此，在接下来的消化和冥想阶段有一个更大的任务，然而如果婴儿能幸运地持续拥有母亲的关爱，修复的能力就会变得更强

[③]这部分的精神分析理论源于弗洛伊德的著作 *Mourning and Melancholia*。

大，本能体验也会迎来更大的自由度。事实上一个良性循环建立起来了，形成了婴儿生活中一个重要时期的基础。

很容易看到在这个时期里，婴儿和真正的母亲（或母亲的替代者）之间关系的持续是多么重要。在某些习俗中，早上给婴儿喂食的“母亲”不是晚上给孩子洗澡和照顾的那个“母亲”，婴儿一天天完成修复的能力被浪费掉了，良性的循环也无法建立起来。更糟糕的是，如果喂食本身是没有人情味的、机械的(并且这发生在孩子真正的家里)，那么孩子就不可能有空间去发展我们以上描述的一切。

关注能力的发展因此成了一个复杂的事情，它还取决于婴儿与母亲这个角色之间持续的人际关系。

关于抑郁位态中良性循环的理论，值得注意的特点是，这一理论解释了一个事实，即身体健康的人对本能的爱和本能幻想

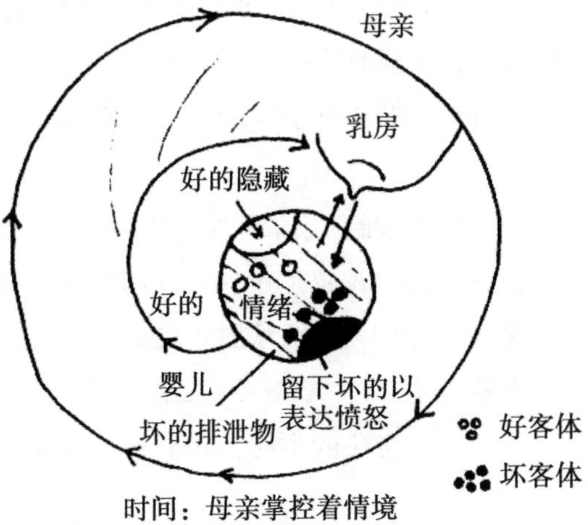

图 1

里的攻击性及破坏性因素有相当丰富的认知，这对个体发展是有帮助的。应该记住的是，与成人通过工作为社会做贡献的能力相比，在婴儿期除了母亲准备好了接受婴儿象征意义上的礼物之外，婴儿真正的修复能力是有限的。但同时婴儿的破坏性和攻击性的冲动并不比成人少。因此可以推论出，如果事先不知道，婴儿比成人更依赖于他人给予的爱，那么即使一个微笑或微妙的姿势，也会对儿童产生重要的影响，这种影响程度不亚于非常重要的事件对成年人的影响。

重复刚才所说的，如果一个人没有修复和补偿经验的逐渐发展，则不可能承受人类关系中致命的毁灭（在本能的爱中）。如果良性的循环被打破，那么：

（1）本能（或者爱的能力）肯定被抑制；
（2）在婴儿身上必然会重现兴奋和安静的分离现象；
（3）不能再获得安静的感觉；
（4）建设性游戏（以及同等的工作）的能力会丧失。

事实上，潜能和对潜能的接纳并非只能用本能发展这个术语来描述。对性的能力的理论描述中，仅仅用本能主导的发展这个术语来描述是不充分的，因为从毁灭性的想法带来的内疚感中恢复过来的希望是潜能中一个至关重要的元素[④]。

关于毁灭性冲动和想法的本质，我们会在后面的章节中讨

[④]见 Klein[1932，1934] 及 Henderson，D.K. 和 Gillespie，R. D.[1940]：被抑郁情绪中止的潜能。

论。原始的爱的冲动其目标或许是毁灭性的，或者这种毁灭性源于妨碍即时满足时所不可避免的挫折感（见 pp.90，147-150）。

所谓的“抑郁位态”绝不仅仅只对理论家和心理治疗师有意义，父母和老师在建立这个良性循环的过程中扮演着非常重要的角色。这一过程在婴儿几个月大的时候就开始了，那时母亲掌控着最初的情境，很自然并且很好掌控，但是母亲几乎不知道她到底在做什么。不过这一成长的重要功能是持续的，然后老师作为孩子的看护者，给孩子建设性的游戏和工作提供了工具和技术，老师通过个人的欣赏为孩子提供努力目标也是同样重要或者必要的。婴儿看护者和老师会得到婴儿自发的爱，这些爱可以调节婴儿的担心、自责和内疚，这些情感是他们的本能体验⑤。（这将在对环境影响的研究中再次检验，见第四部分第 10 章。）

描述人类本性的重要的新方法都将抑郁位态纳入到理论建构中（不管它们叫什么）。

婴儿的内心或内在世界或内在现实是建立在三个因素上的：

（1）本能体验本身

a. 满足	好的
b. 不满足，由于对挫折的愤怒而变得复杂	坏的

⑤许多人都不喜欢使用抑郁位态这个概念，这个说法只对某些精神分析师来说是合适的。大家熟知的一位分析师前辈爱德华·格洛弗（Edward Glover）对抑郁位态这个观点有强烈的感受，觉得它很好地描绘了他走错了一步之后的感受，即从英国精神分析协会辞职，尽管他仍然保留着在国际精神分析协会里的私人会员身份。

（2）合并的客体（本能体验）	
a. 在爱里	好的
b. 在恨里	坏的
（3）以魔幻方式接纳的客体或体验	
a. 为了控制	潜在的坏的
b. 为了改进或为了控制	潜在的好的

没有令人完全满意的图表，而只有让人暂时满意的图表。对于那些想要绘制图表的读者来说，他们会很自然地做出一个能展示其独特观点的图表。

我找到了一些在实际工作中有用的图表（图2）。

我们会注意到，“好的乳房”的功能性整合带来的结果是增加了内在的非特异性的好的部分。另一方面，内摄（可以辨认的）的“好的乳房”是早期理想化的证据，内部投射是神奇的，它并不是本能体验的一部分。老师需要学习的重要一课是，她最成功的工作不会被她的学生们认识到——她的学生把她和她的工作合并在一起作为一个整体，并且在这一整体的基础上成长。相对应地，她和她的教育工作在理想化之后都会有一些魔幻的内摄，这些看起来非常不错，但是不足之处在于她的学生并非通过老师的语言所传递的真实信息而得到成长。通常在课堂上会出现这两种教学和学习方式的有趣混合。

在冥想阶段（喂食之后），本能有一个滞留的时间，并且需要对环境的影响有外在的控制。转向内在的忧郁时期产生了脆弱，这意味要有足够好的处理，这个时期才有可能形成。

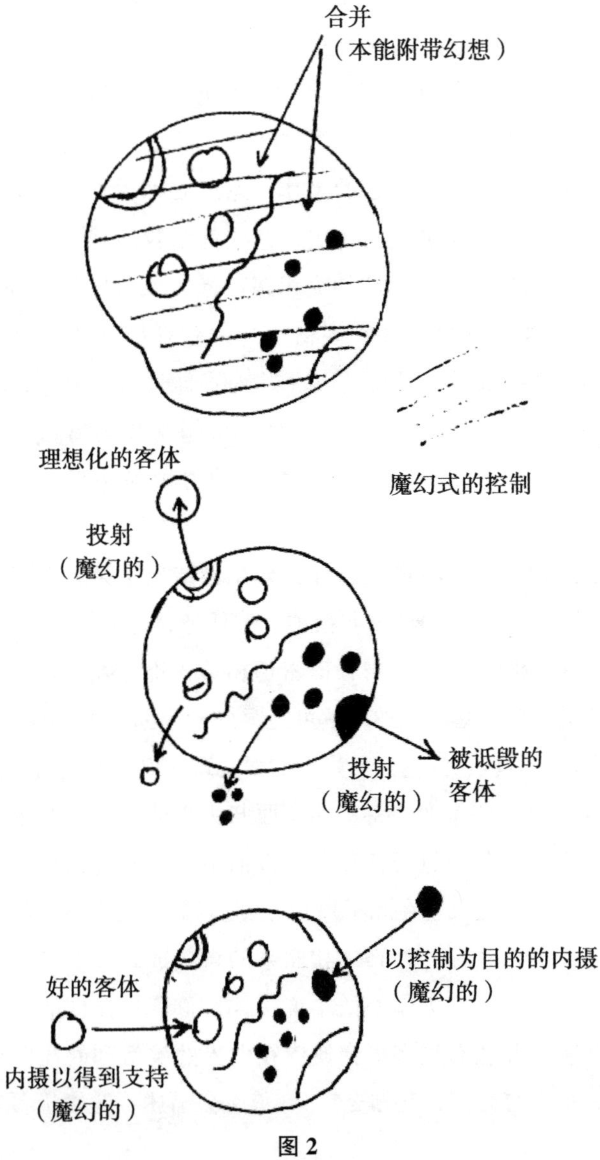
合并
（本能附带幻想）
理想化的客体
魔幻式的控制
投射
（魔幻的）
投射
（魔幻的）
被诋毁的
客体
好的客体
以控制为目的的内摄
（魔幻的）
内摄以得到支持
（魔幻的）

图 2

健康的个体有充沛的生命力，因此他们在工作时有惊人的力量。要想观察到本能体验之后的各类任务，我们必须涉及艺术家的工作，他们几乎可以挑战人类力量的极限（因为他们特殊的技术和他们对自己工作的自信）。贝多芬晚期的弦乐四重奏、布莱克（英国作家）的工作、陀思妥耶夫斯基（俄国小说家）的小说、英国的政治历史，这些都给我们展示了我们内心世界的复杂性，好的和坏的交织在一起，保留好的部分，控制以及承认坏的部分。这些事物一开始就在婴儿内心世界发挥作用（被婴儿放置在肚子里），当然随着时间的流逝，随着对生活的体验变得丰富，内心世界变得越来越丰富。一旦本能体验占据了婴儿的绝大部分，基本的力量和冲突就开始呈现出来。

逐渐地，在内心世界以外，婴儿创造出了某种模式，即在混乱中产生的秩序。这既非精神上的任务，也非智力上的任务，而是一项心理任务。它与领悟密切相关，也是除了理解之外需要完成的任务。智能上的理解可能跟得上，也可能跟不上。

在这一阶段已经达到了稳定的婴儿现在已经有能力去掉一些东西或保留一些东西，将一些东西归为爱或将另一些东西归为恨。是内在的分类过程使婴儿得以活下去，不过这指的是心理的存活（可以想象是在肚子里）。从此以后，成长不仅指身体成长，以及与内在和外在客体相联系的自我成长，也指内在的成长，就像一本正在创作中的小说一样，孩子也在创造自己的世界。健康的儿童有很多机会使内在世界的生活和外在世界的生活及关系进行交流，互相充实。（稍后会描述不健康状态会发生什么，见pp.92“对坏的力量和客体的管理”和pp.107“忧虑症的焦虑”。)

抑郁位态：概括

A．所有早期的发展都被当作是理所当然的。

B．婴儿或者小孩有时开始感到自我是由有限的维度构成的。

C．个体越来越坚定地感受到自我是一个独立的单元。

D．自我以外的客体被感受为一个完整的东西。

E．这种自我的整体感同时涉及身体和心灵。因此，一个孩子画出的圆圈就像自我的素描一样，在这个圆圈里，身体和心灵之间没有分别。(我猜测充当母亲角色者总是掌控着情境，一天又一天，一周又一周。)

F．给这种空间类型的整体感增加一种相似的趋势，即将自体的过去、现在和将来适时地整合在一起。

G．现在为具有新特征的关系建立起了一个阶段，在这个新的阶段里，婴儿或儿童变得有能力去拥有体验，并能够被这些体验所改变，同时又能保持个体的完整性、独立性和存在感。

H．关系中的兴奋时期，伴有本能被卷入，考验着新发展起来的结构，特别是当婴儿处于一种安静状态时。

I．婴儿变得担心，有两种表现：

1．担心兴奋性的爱的客体。

2．担心自我的兴奋体验的结果。

这二者之间是内在相关的，因为仅从婴儿变得有能力发展一个有结构的、内在充实的自我来看，被爱的客体也会被认为是有结构、有价值的个体。

J．考虑到被爱的客体是因为原始的爱的冲动中的攻击性、破坏性和贪婪的因素而出现的，这些爱的冲动逐渐被同化成一个完整的自我（及时的人格整合）。孩子现在能够为上一次进食中发生的事情以及下一次进食将会发生的事情负责任。

原始的冲动是残忍的，这一观点来自于观察者。对婴儿来说，原始的冲动是原始的残忍。只有当孩子最终整合成为一个负责任的人，然后回顾过去的时候，才能感受到这种残忍。从整合成功开始（而不是更早），因为令人害怕的残忍会造成难以忍受的内疚感，所以孩子控制着本能冲动——也就是说，孩子认识到了早期不成熟的原始的兴奋想法中破坏性的成分[⑥]。

对原始的爱的冲动感到内疚是发展中的一种进步；除非经历过一个循序渐进的过程后建立起良性的循环（之前描述过的），否则这种内疚感太强烈了，以至于人类的婴儿难以承受。即便如此，原始的爱的冲动也是生活中固有困难的基础，也就是说，属于健康范围内的困难，与那些没有达到抑郁位态的儿童相比，这种困难对于健康的儿童来说会更多，这种特殊性让个体能够

[⑥]许多人都认为，原始的兴奋性冲动并不是毁灭性的，但毁灭性因素通过挫折导致的愤怒进入了想象性加工中。不过，该理论的重要部分是婴儿的无所不能，所以结果是一样的。婴儿因为永远无法适应需要而变得愤怒。不论如何，我个人认为这个理论虽然是正确的，但并不是基础的，因为对挫折的愤怒不会消失得太早。目前我发现我需要承认，有一种原始的攻击性和毁灭性的冲动，它们与婴儿极早期的发展阶段中本能的爱很难区分。

[补充]1970.N.B. 这是我为什么不能出版这本书的原因。对我来说，在“使用一个客体”[温尼科特，D.W：游戏与现实（*Playing and Reality*）]这篇文章中，这个问题自己消解了。

对担心有充分的体验。精神病患者，他们的障碍起源于更早期、更低级的水平，他们有自己的困难和问题，这也非常使人厌恶，因为他们并非天生如此，而且这些困难和问题并不像努力拥有生活那样，是生活的一部分——成功的治疗使患者能够开始生活，并且开始体验生活本身所具有的困难。

或许人类世界中最大的痛苦是正常的人或健康的人或成熟的人的痛苦。这并未得到普遍认可。显然这对观察精神病院中患者的混乱、悲惨和痛苦而言，是一个错误的指导。但是用这种浅显的方式来评估痛苦的程度也是有一定意义的。

K．对自我本能体验所带来的结果担心。

对压抑的再思考

压抑是人类本性理论中的基本概念，这一理论的形成依据是由本能主导的发展进程，现在我们可以通过婴儿自己的想象来阐述这一概念。我们可以说，某些合并的客体，或者客体之间的关系，或者某些内摄体验（似乎）被包裹起来，并被强有力的防御力量包围起来，以防被同化或在内心世界以外获得自由的生活。

婴儿或者儿童会自我怀疑，因为他们还没有完全学会如何区分和重新分配这个任务，而且不论任务完成得多么圆满，都有可能被接下来的本能体验所干扰。

因此，每一个新的经历都会丰富婴儿的幻想，都会增强婴儿体验的现实感。当体验和身体有关时，我们会使用诸如合并以及排泄或排泄物之类的术语，因为这些术语可以反映身体的功能和心理的加工。当个体的内在情境非常危险时，不要寄希望于外在现实可以为本能或功能性的表达提供机会，可以采用更为魔幻的过程，我们用“内摄”和“投射”这两个词来描述这个过程。

对坏的力量和客体的管理

无法逆转或无法控制或无法驱逐掉的坏的内部现象会变成麻烦。它变成了内在世界的一个迫害者，孩子往往认为这是一个内在的威胁。这很容易成为一个痛苦。躯体疾病的痛苦可能会被认为是一种虐待。当个体认为痛苦是一种不好的内在客体或驱力时，就会加重痛苦；相反，如果个体没有这种想法，那么这种躯体痛苦也会变成可以忍受的。另一方面，一旦个体处于预期性迫害的想法中，即使是很细微的障碍或躯体感觉，也会被放大成痛苦；换句话说就是对痛苦的耐受阈值降低了。

迫害性的因素可能会变得难以忍受，它们会被投射到外部世界，并在外部世界中找到与之对应的东西。一种情况是孩子有一定的忍受能力，在这种情况下，孩子的外在世界确实有一定的现实迫害，但是他们对此的反应却是夸大的。另一种情况是孩子完全没有忍受的能力，孩子幻想出一个不好的或迫害性的客体；即是说，这个迫害者只是一种投射，并不是真实存在的，但是个体却在自我之外的世界中妄想般地发现了这个迫害者。如果有预期性迫害，那么真实的迫害就能得以缓解，因为这样个体不会感到失望或生气。

在临床上常见两种状态交替出现，即内在的迫害（一些无法忍受的情况，无论有没有躯体疾病）和妄想性外部迫害，这种妄想性外部迫害能暂时缓解个体的内部不适或躯体主诉。

临床上有一种状态，这种状态是孩子处于不能通过排泄去除不好的客体和有能力通过排泄去除不好的客体的中间地带，这些孩子太恐惧迫害因素而无法完成这一过程。目前的症状通常是便秘，储存下来的粪便（长期在直肠中而脱水，变得坚硬）象征了迫害者。在这个理论首次被提出时[7]，人们还不知道迫害者在肚子里的时候就开始实施迫害，并且这种迫害源于口欲期的虐待冲动。

这通常发生在父母（以及医生和护士）恐惧婴儿的粪便时。这种恐惧以一种持续地想要将孩子直肠里的东西清理出来的方式显示出来，要么使用通便剂，要么采用冲刷的方法或栓剂。被这样对待的孩子完全没有机会通过一种自然的方式来形成对迫害的看法。同样，父母的行为很容易导致肛门的过度刺激，那么肛门就会变得被过分强调，就像一个性器官一样，并且会取代原本属于嘴巴的性冲动。在这种情况下，对个体来说，肛门可能会变成一个尤为重要的兴奋性的接受器官，而不是一个没用的和潜在的迫害物质的传送通道。

众所周知，孩子对自己的排泄物、排泄物的替代物、排泄物的命运以及整个排泄系统感兴趣，排泄物潜在的迫害性质衍生出驱力。与此相似，也可以用排尿功能来描述。

最终，当全部的生殖功能建立起来，精子可能成为潜在的迫

[7] Ophuijsen, J.H.W.van:（1920）“On the Origin of the Feeling of Persecution”。

害物；如果真是这样，它就必须被除掉，否则就会损害身体内部。那么精子就是坏的，男人就不会产生它能够在一个被爱的女人体内孕育出一个孩子这样的概念（即使现实中是这样的，并且在这个人有这一想法之前这个孩子就已经存在了）。在更低的水平上解释，健康的男人关心被他受孕的女人，即他的父权感。

同样，对女人来说，男人没有什么可以给予，只有他所害怕的迫害元素，她只能尝试着避免被男人利用来带走他那里的坏东西。这样，未解决的内部冲突会干扰性能力的发展。

内心的丰富与复杂性

现在人们认为内心世界能够变得无限丰富，但不可能无限复杂；复杂性是一种自然发展的过程，它的基础很简单。

内心世界是如何起作用的，以及个体是如何与内在世界联系的，这可以通过探索某种或其他的心理治疗如何影响个体的内在世界而获得了解。

所有关心人类的人都对“抑郁位态”感兴趣。这些早期情感发展的理论不仅仅是一个有趣的现象，实际上它们是贯穿人类一生的基本任务。这些任务是相同的，但因为“人类”在成长和发展，会有更多的个体参与到现实的挣扎中，这就是生活[8]。

---

[8] [在这一点上打字稿中有一条笔记]：

断奶　包括这里有关断奶的文章

[似乎这条笔记指的是现在温尼科特的有关“断奶”的章节（1949），*The Child, the Family and the Outside World*。]

[在这一段旁边的边缘有一条批注写着“重写”。]

2

内在世界主题的发展

简介

在这一描述中，内在世界到目前为止还只是私人的世界，即在幻想中被控制在自我的范围内——在身体皮肤以内。内在世界本身可以作为一个事物得以检验，当然，尽管在生活中，一个人的内在世界总是受制于一些变化，包括个体外在关系中发生的事件带来的变化，以及达到顶点或仅部分成功或很失败而无法获得满足感的本能冲动所带来的变化。

内在世界有其自身的稳定性，不过它的变化与全部的自我在外在关系中的体验相关。不满的体验[①]导致个体感受到内在有一些不好的事物或驱力，或这些不好的事物和驱力增强了。如果对这些情形不加以限制、控制或消除，那么它就可能成为内在的迫害者。孩子通过痛感、生病或对不适越来越敏感，从而知

[①] 这里“不满”的含义会在稍后进行讨论（见pp.120“初次接触的失败”和pp.140“最早的状态”）。

道这些迫害者的存在及威胁。

偏执的生活方式

对于威胁很大的迫害群，不能坐等其被排泄出去（和本能体验产生连接），而必须通过投射来消除，即以一种魔幻的方式消除。如果外在世界中有某些事物可以直接被感知为坏的，那么它就会变成一个迫害者，并且孩子的偏执症状隐藏在对外在真实威胁的反应上。如果没有任何坏的东西，那么孩子一定会幻想出一个迫害性的因素和妄想出迫害性的结果。个体逐渐学会如何接触迫害他们的那个世界，那样他们可能会从内在的迫害中得到缓解，而不会产生疯狂的妄想。

观察偏执的生活方式会在何时开始出现在临床中，这是一件非常有趣的事情。孩子可能会在多年没有迫害倾向之后出现预期性迫害，不过，此时需要考虑一些重大的创伤来解释变化——脑震荡、乳突手术——有可能两个或三个相反的因素会碰巧同时出现。不过，通常在婴儿期就可以作出诊断。

发病的时点通常是清晰的，但是对迫害的敏感、怀疑和不友好并不仅始于早期，那时母亲没能与婴儿建立起最初的关系，没能把世界的面貌展现给婴儿[②]。

很多看起来具有高敏感气质的婴儿，都在延长的、特殊的适应性护理下渡过了难关，对外在世界建立起了信任；甚至对稍微大一些的有迫害预期的孩子，也通常可以通过特殊照顾得

[②]见 pp.120“初次接触的失败”和 pp.140“最早的状态”。.

到改善。

在心理治疗中，通过释放被压抑的口欲施虐，可以实现深度改变；这个过程只能在高强度的个人分析治疗中完成。

抑郁与“抑郁位态”

抑郁作为一种情绪，有很多起因：

（1）在将分离状态整合的初始时刻，对本能进行控制而丧失了活力。

（2）日常的健康担忧，紧随本能体验之后的自我实现状态，经过一段时间和冥想有可能能区分好坏，形成暂时的管理内在客体、驱力和现象的模式。

（3）当对内心现象的怀疑太过强烈时，抑郁情绪就会出现，因此作为一种防御，盲目地压抑内在世界的全部活动。这是对第（2）种情形的夸大，是一种病理性的状态。

需要注意的是，临床述语“抑郁”还有其他极其重要的含义，而正常发展过程中所谓的“抑郁位态”对阐明（例如）属于人格解体状态的抑郁是没有用的。

婴儿期的抑郁是一个临床现象，已经对其有详细的描述，这种现象也比较常见。但是在鉴别诊断时，要记住一些非常罕见的躯体情况（例如红皮病[3]）。

---

[3] [铅中毒。]

克莱恩没有说过婴儿通常会抑郁（我认为），即进入一种抑郁情绪的临床状态，尽管她知道在生病的情况下会抑郁。但她指出，变抑郁的能力、反应性的抑郁和哀悼丧失，这些并非天生的，也不是疾病；它是健康的情绪发展的一个收获，并且每个健康婴儿的发展过程中都会有一个时刻表明这种能力发展起来了。这一发展阶段就被称为“情感发展过程中的抑郁位态”，当然如果有更好的名字，也可以用来命名这个阶段。重要的是，婴儿或个体有新的能力来承受全部爱的冲动里毁灭性目的的责任，包括对挫折的愤怒，这是不可避免的，因为婴儿认为自己无所不能。

躁性防御

对健康发展必不可少的是一定程度的严谨，对自我的质疑，对冥想阶段的需要，以及可能出现的短暂的绝望阶段。这些情形会暂时转换成为某种对立面，就像节假日和工作日的关系一样。

在健康人群中，抑郁是人格的潜在部分和核心部分，也是健康的证据。这样的抑郁使其自身以某种严谨的能力显现出来，也会以怀疑哪种模糊的躯体不适更容易表现而显现出来。它也以否认抑郁的形式表现出来，将其隐藏在幸福中，隐藏在焦躁不安的活动中，隐藏在与我们头脑中的童年早期的观点有关的整体活动中。通常在孩子的整个生活中，躁狂和抑郁不停地反复出现，童年期的活泼可能会被突如其来的剧烈悲伤打断，或沮丧会被激烈的喜悦所打断。

这样的抑郁情绪很少出现，除非是某些特殊情况下，遭受剥夺的小孩才有这样的情况。一般的抑郁隐藏在某种不适之下，与母亲的焦虑吻合。过度活泼背后隐藏的是对抑郁的否认。儿科临床上一个很普遍的诊断是“常见的焦虑不安”状态，这与成人的“轻躁狂”状态相一致，这表明了对核心抑郁的否认。可以说获得抑郁的能力正在受到威胁，而孩子通过否认抑郁，成功地保留了这种能力。在情感发展的过程中，这种交替会阻碍个体，使其停留在整合之前的状态，即无法达到“抑郁位态”；换句话说，就是疯狂的状态。

当我们观察年纪大一些的孩子时，我们看到了结构化的躁狂抑郁症，更像成人的那种；但我们也看到了一些不平常的东西，也就是结构化的疾病。在临床上，常见的焦虑不安（轻躁狂）在正常的孩子中也会出现，并且在常见的焦虑不安与极易识别的婴儿期和童年早期的不稳定之间，并没有一个严格的界限。在婴儿期和童年早期这个阶段，眼泪是和巨大的愉悦混合在一起的，并且愉悦和悲哀是混在一起的。

躁性防御否认的一个核心事实是内在世界的死亡，或者完全的死亡。躁性防御是将生命、活力以及对死亡的否认作为生活的终极事实。

对情绪不稳与人格中核心能力之间关系的理解，对于理解家庭和学校中常见的童年期行为有重大的价值。

3

各种类型的心理治疗素材

在做精神分析时，分析师会不断地注意一些迹象，这些迹象就是心理治疗中进行解释时的主要素材[①]。

这点可能会帮助我们的读者去思考患者在分析中呈现的素材类型。可以将这些素材分成不同类型，尽管分析师在治疗患者时总是要准备接受各类素材的混合体。首先，有必要指出治疗以怎样的方式开始，这样它会变得与游戏治疗极其不同，也和所有种类的小组活动不一样。在精神分析中（除了适合精神病患者的分析之外），治疗在做第一次解释时就开始了，这时的解释是所呈现素材中可解释的部分，它让所呈现材料中的一些因素意识化了，尽管现在的解释还不能完全被患者接受。

例如，一个 3 岁的男孩用三块砖砌了一个隧道，拿起两个玩具火车，让它们在这个隧道中相撞。解释是：在他的内心中，人们碰到了一起，他掌控着他们，让他们猛烈地相撞，或将他们

---

①修订笔记：心理分析开始于患者 +—> 将话题带入潜意识上合作的过程，成长并使用亲密关系，自我揭露，“惊讶”。

分开；他在告诉我他的父亲和母亲以及他们相爱或争吵的方式，并且他似乎完全不想考虑这些。（这个男孩在让火车撞到一起时急性哮喘发作。在这种情况下，即在分析一开始的3分钟内，以上解释马上缓解了他的哮喘发作。）可以看到，这不是移情性的解释；作为分析师，我也只是在早期简单地呈现了这个男孩持有的对人的信念。这个男孩带着某些期待来到治疗中，这些期待是以他已经习惯的父母的一些态度为基础的，而且父母告诉他的有关治疗的想法可能也影响了他对治疗的期待。但是，一旦我做了这样的解释，治疗就开始了，后续的材料都会受此影响，因为我是进入这个男孩的生活并能将他的生活用语言描述出来的人，会比较客观地处理充满了情绪的状态，会忍受冲突，会观察患者准备好将什么意识化，以使其变得可以作为一种自身的现象而被接受。

在这样特殊的情况下，如果没有做这样的解释，这个孩子可能会带着哮喘回家，治疗也在一开始就失败了。不过，在很多时候，并不需要着急；孩子有要来治疗的想法，治疗师在搜集资料时可以利用这一点，然后决定应该做何种解释才能推进治疗。

患者的合作基本上是潜意识的，但是患者呈现何种材料却取决于治疗师如何与患者沟通。患者（不管年龄多小）都喜欢分析师以最简单容易的方式治疗他们，也希望可以最轻易地骗过治疗师。

分析的材料（孩子或成人的）可以粗略地分为几种类型[②]：

[②]修订笔记：增加环境这一条分类。

（1）与所有其他人之间的关系。

（2）内心世界的样子以及内在与外在对生活的不同幻想。

（3）理性的材料，据此开展有效的工作，但需要在移情关系中，以另一种带有情绪的方式重复这个过程。

（4）主要显示自我结构弱点的材料，以及面临丧失建立关系的能力的威胁和面临非现实及人格解体威胁的材料。

（1）对这一材料的分析是沿着我第一部分中的语言线索来的，在第一部分中我对移情性情境中的初始意识做了解释；分析的材料是围绕躯体功能产生的本能体验和幻想，分析的目的在于定量地减轻压抑的作用。当压抑的作用被减轻时，分析环境的特殊性让患者能够组织新的潜能并运用到社会化中去。

我用对同一个小男孩进行分析时的一个细节作为例子来说明。有一次，他上楼来到治疗室，警告我说："我是上帝。"那时我知道他期望我是一个应该得到惩罚的坏人。这种情绪张力非常大。他瞬间掌控了情境，站在房间中央的桌子上，而我离他非常远，远到他可以骗过我。尽管我格外小心，我双眼中间的位置还是被他藏着的棍子打中了。他内心中已经认为自己是一个强大的、苛刻的人，然后让我代表他作为俄狄浦斯三角关系中的那个儿子，并且我是会被杀死的。此时，再次需要迅速做出解释，在其他考虑如他应该为伤害到了我而道歉之类的想法出现之前。在现实材料中，没有悲哀或内疚的空间。一个相似的、不那么焦虑的材料让我看到，在这有巨大张力的时刻发生的事情其含义到底是什么，并且在其他情况下，当角色是相反的，则他的焦虑非常强烈。可以说，在某种程度上，这个材料就像一个内心世界的样本。无论如何，这个材料主要表达了这个男孩在他潜意识里对于和我之间的人际关系的幻想。

(2) 因为分析中呈现的材料是内在世界的范例，所以我会玩这个孩子的游戏，在这个游戏里，桌子是特别的道具，游戏在那时被桌子所局限。在这个例子中还有尚未呈现出来的世界，这是理所当然的。不管怎样，这个例子表现了某种生活，就像小说的某一章。在这里有好人和坏人，也有孩子内在世界中所有防御机制的意象，孩子已经达到了整合状态，并能为自我积累的记忆、情绪以及本能负责任。也许发生了比较暴力的事情，界限被打破，但界限被破坏本身就是一个重要的现象。通常孩子会把房间弄得比较暗，并且很显然，分析师处于孩子的内在世界中，在那里根据孩子的指导扮演着各种各样的角色。魔法统治着世界，孩子的言语指导代表了这种魔幻的控制，这种指导控制着分析师，理想化了房间里的客体，并且孩子的一时兴起也会改变这些规则。如果按照这样的规则来改变房间，那么房间的墙壁就代表了孩子自我的界限，外在世界因被关在这个房间之外而在一定程度上也被改变了。从内在转换到外在从来都不是简单的事情，等到治疗结束时，这变成一种能够熟练掌控的事情。至于孤僻的孩子，分析师进入到了一个人为制造出来的友好世界，恶意的力量和客体被放置于外界。在这种情况下，分析师被一系列无休止的魔幻行为所纠缠，而如果分析师并不了解孩子所期望的是什么，孩子会感到非常奇怪。孩子可以飞，理所当然分析师应该可以带着孩子绕着房间飞翔，飞到吊柜上面找鸟巢。房间外面全是等着施加迫害的力量，最轻微的动静也可能会带来恐惧。第三者意外闯入房间会是灾难性的，这样治疗结束时就需要非常特别的治疗。分析师在孩子内心的存在会影响孩子内在世界的材料，特别是如果分析师能够非常迅速地理解孩子需要的是什么，并且因此能够正好满足孩子对魔幻控制的需要。分析师在保留孩子所没有的客观性和现实感的同时，根据孩子的需要可以非常敏感地扮演各种角色，承认孩子同时存在对魔幻的需要和对外在现实的需要。如果分析师被内在世界的材料所束缚，就只能在很有限的范围内来解释他所见到的现象。不论如何，在治疗时间内，一些治疗的细节经常与孩子的外在关系中的一些现象有关，可能是孩子作为一个完整的人的本能生活，也可能是孩子在治疗前的 24 小时经历过并内摄了的生活。

与呈现这种材料的孩子玩要，分析师看到的是不充分的幻想，这种不充分表现在分析师试图拼出“幻想”这个词来表明潜意识的性质。但是，这并不让人满意，特别是当幻想并不全是潜意识时。“心理现实”这个术语表达了分析师对幻想的理解，被患者呈现出来的幻想在其本身意义上就是真的，和所谓的白日梦相差很远，在某种程度上它是受意识控制的，不被欢迎的因素会被过滤掉。在心理现实的材料里，没有否认的位置，因为被过滤删除掉的材料必须有地方来放置。

（3）理性化材料的一个例子是，在分析中的有些阶段里，孩子就像成人一样报告梦、问问题，并期待对这个情境进行客观的讨论。在某些分析中，主要就是完成了这些条目，特别是对成人和青少年进行的分析。甚至是对很小的孩子，也时不时地在分析中使用这种方式，但这只是准备工作，接下来在小孩子的游戏中，会逐渐出现更多明显的直接表达，需要将其利用起来。对小孩进行分析和对成人进行分析的不同之处在于，在治疗中小孩子的行为多以游戏的方式表现，成人的行为则更多地表现在成人自己的生活中，而不是在分析中，分析是用语言来完成的。不过，分析师也准备好了面对孩子的成人部分和成人的孩子部分。

（4）关于自我结构，以游戏材料显示的焦虑为例，我举一个 6 岁孩子的例子，他疯狂的爆发预示着暴力性的蜕变。他用一个圆形的桌子，沿圆桌的边缘建了一圈房子，在这一圈房子的里面紧接着又建了一圈房子，在最里层，就只有很少一点空间可以活动。也许有人会对这个细节进行解释，但最主要的解释应该关注这个孩子被过分强调的身体或自我界限。与此一致的是，这个男孩发展出了一种非常夸张的人格。另一个情形是，他把很多房子的隔间放在壁炉架上，在每个隔间里放一个反映内心世界的样本，而不允许它们彼此之间有任何关联［一种解离（dissociation）的防御方式］。

一个 6 岁的小女孩，我在一年前帮助她从精神病状态中恢复过来，后来她又自己要求再来治疗，并带来了她的妹妹。她的妹妹拿起玩具，像普通孩子那样玩耍，而她建了一排房子，长度贯穿了我的房间。我能发现，她在将我的房子和她远在 10 英里以外的房子连在一起，同时也将过去和现在连在一起，也显示出了在治疗结束后她还竭力想与我保持联系。

材料和身体中精神部分的关联可以有很多种形式。身体在游戏中有时会受伤或变得兴奋或很清晰地展示。患者和分析师之间的情感联系可能会成为一种需要被解释的特征，因为它和分析中的其他材料一样，是为某种目的而产生的。假装吃东西或真的带来食物并吃掉也许有着同样重要的意义，或者有某种更直接的性企图。学会了期待对所呈现的材料进行解释的孩子，不管治疗时间里需要什么样的材料，他都可以神奇地自由创造出来。

4

忧郁症的焦虑

依据“有限的膜”这一说法，理论家认为人类有内在和外在两个部分，婴儿可能同时会自己描绘出这两个部分。婴儿关注内在以及我提到过的内在现象，并且同时关注身体和心灵。也就是从这个时候开始，心身这个词有了特别的含义。

从一个婴儿的视角来看，一开始对身体和心灵只有简单的认同。从这里开始，不适的状态被等同于对自我的怀疑。对任何年龄的忧郁症来说，麻烦是怀疑而不是疾病。这关乎内在的“好的”和“坏的”力量之间的平衡，对婴儿和心身疾病患者来说都是如此，对更加复杂的哲学质疑者而言也是如此。

到目前为止，对身体健康的感受或注意被转换成了幻想，幻想的现象同时由身体来感受。例如，内疚感可能会以呕吐来表达，或者呕吐（也可能有躯体原因）可能会有背叛了内心秘密的感觉，这像灾难一样。除疾病之外，身体健康会带给婴儿积极的安慰，帮助其应对心灵的质疑；心灵健康促进了健康身体的功能，包括吸收、消化和排泄功能。

对于发展中的这一点，心身方面的研究者应该检查一下其课题的渊源。可以发现，对躯体和心理障碍二者之间内在关系的广泛研究是有其基础的。精神科医生会发现如何解释许多抑郁和忧郁症（还有偏执——见后面章节）的现象，也会发现婴儿期的精神病是一种很少会和“心理”疾病或“智力”继发变化的附属现象混淆在一起的精神疾病。心理分析师自然会对此非常有兴趣；在对转换性癔症的研究中，可以从婴儿最初将身体本身与感觉以及对身体的认识混合在一起的现象中获得有用的东西。

第四部分

从本能理论到自我理论

引言：原始情感的发展

在此，我人为地选择三种不同的语言来描述早期情感发展的现象[①]。首先我要讨论的是：

A．与外在现实之间建立起来的关系

B．自我从未整合状态到整合状态[②]

C．心灵占据了身体

我发现没有明显的发展顺序可以用来决定描述的顺序。

通过心理治疗发现，对发展中的人类进行的研究显示，我们回顾得越深远，就会越发明显地卷入到对环境的研究中。不过为了澄清这一点，我决定用一章的篇幅（pp.168“环境”）来讨论这个重要的主题——外在因素，因为不管我们赋予环境多大程度的重要性，个体还是要搞清楚环境的含义。

[①]见 Winnicott，D.W.：(1945)“Primitive Emotional Development”对该主题的另一种阐述。

[②]修正笔记：未整合 ⟷ 整合。

1

与外在现实建立关系

兴奋的关系和安静的关系

我们能很容易地将该主题的两个方面分开，即分为“兴奋的”关系与“安静的”关系两种。

任何时候，我们内心都有一个孩子。让我们想象一下理论上的第一次哺育。现在有一个婴儿，带着发育中的本能张力。婴儿发展出期待，在这种状态中，他（她）准备好了要在某处找到某些东西，但不知道到底是什么。在安静的和非兴奋性的状态中没有类似的期待。差不多恰好在合适的时候，母亲给婴儿提供了她的乳房[①]。

如果母亲能够全神贯注于她的任务，她就能够为兴奋性关系的开始制订规则，因为她在生物学上恰好被赋予了这项工作。

这一理论上的第一次哺育同样也是真实的第一次哺育，只可惜在现实体验中，与其说它是单独发生的，不如说它是对事件

①这个主题足够复杂，我不会让乳房替代品和母亲替代品来将这个问题搞得更糟。

的记忆积累。我们可能会说，因为新生婴儿极其不成熟，所以第一次哺育不会像情感体验那样意义重大。但是，毋庸置疑的是，如果第一次哺育进行得很顺利，母亲和婴儿之间建立起了关系，那么就会由此发展出后续的哺育模式，那时母亲的任务就极大地简化了。相反，如果第一次哺育处理不当，就会引发很多麻烦，并且事实上是，我们会发现，一种持续的不安全的关系模式从早期失败的处理中就开始形成了。

在（理论上的）第一次哺育时，婴儿就已经做好了创造的准备，而母亲也让婴儿有可能形成一种错觉，即觉得乳房的意义是被婴儿自身需要的冲动创造出来的。

当然我们知道婴儿创造的并非是母亲所呈现的，但是母亲通过她对婴儿的（情感）需要极其敏感的适应，让婴儿能够产生这样的错觉。如果母亲不够敏感的话，那么婴儿就有可能无法具备与客体或他人（即观察者们所谓的现实世界、外在或共享的现实，以及非婴儿创造的世界）之间建立兴奋性关系的能力。

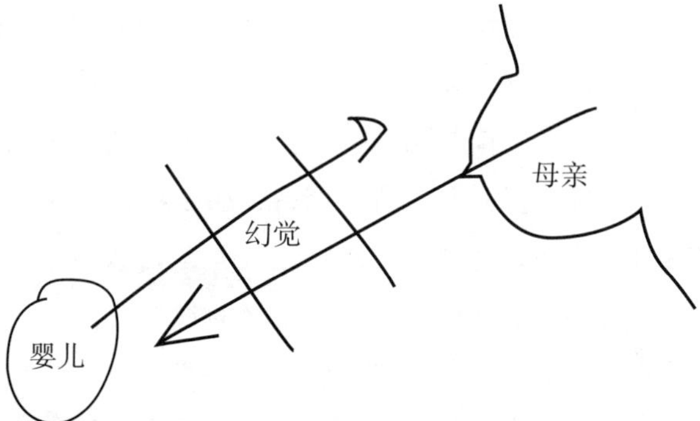

图 3

最初，母亲几乎能够非常准确地满足婴儿的需要，因此给婴儿一种错觉，是他们自己创造了外在的客体。母亲逐渐不能满足婴儿的情感需要，不过婴儿有自己的方式和途径来应对这种变化。有一种观点认为，婴儿的现实感是通过母亲不断地强化外界事物的外在性而建立起来的，这其实是一种误解。在本章中，关键词是错觉和醒悟。

这些兴奋性的体验发生在安静的背景下，在这种背景中，婴儿和母亲之间有另一种关系。我们担心婴儿会处在高度依赖的状态中，却对此全然不知。一种非常合理、简单的假设是，母亲是婴儿产生依赖感所必不可少的环境因素。有准确的回应就有完全的依赖；换句话说，母亲无法响应婴儿就会扭曲婴儿生命中的个体化进程。在婴儿出生之前，母亲以身体的方式给婴儿提供环境；在婴儿出生之后，母亲继续提供身体上的照顾，这是婴儿最初喜欢的表达爱的唯一方式。等我们能够假定一种理论上的第一次哺育时，母亲和婴儿之间已经发生过了无数次的适应和不适应。在理论上的第一次哺育时，婴儿已经有了某些期待和体验，这会让形势变得更加复杂或者更加简单。形势不是那么复杂的时候，就会发生一些简单的事情了。很难找到合适的词语来描述这种简单的事件；但可以说，由于婴儿的活力以及本能张力的发展，婴儿开始有了期待，那么很快婴儿就会朝着一个设想的客体冲动地动手或动嘴。认为婴儿准备好了创造是恰当的。在创造的过程中，如果有记忆的材料可供使用，就会产生有客体的错觉，但在考虑理论上的第一次哺育时不会这样来假设。这时，婴儿这个新生命处在创造世界的位置上。动机是个人的需要，我们看到需要逐渐转变成欲望。

母亲通过对婴儿简单的身体照顾，能够满足婴儿更多原始的需要，因此母亲有了新的角色。她需要适应和了解一个特殊的创造性环境，并且通过她自身的能力以及对婴儿行为的观察来认同婴儿。母亲需要等待婴儿发现她，她无须赞赏婴儿对她自己的创造，而只需要扮演好自己的角色，并且被每个婴儿重复地创造出来。

当母亲完成了这一折磨人的经历后，自己会有一项极其艰难的任务。她需要有一种力量，让不管是充盈的乳房还是完全静止的乳房，都能恰好适应婴儿。她对丈夫生殖器力量的体验会帮到她很多。无论如何，她准备好了迎接喂奶会带来的潜在兴奋。这时我们并不期望她恰好非常精确地适应婴儿的需要。幸运的是，婴儿不需要非常精确的行为模式。当这一切都进行得很顺利时，婴儿能够发现乳头，这本身就是除了喂奶以外的一件大事。理论上非常重要的是，婴儿创造了这个客体，而母亲所做的是在恰当的时间正好将乳头放在那里，因此她的乳头是被婴儿创造出来的。毫无疑问，对母亲来说这很重要，婴儿以创造性的方式发现了乳头。这样微妙的关系能够开始要求有特定的条件，但必须承认的是，这种合适的条件并不会经常呈现，因为妇产科病房有忽视这些合适条件的趋势。它忽视了婴儿与我们已知的世界（即婴儿今后生活的世界）开始建立关系时，这种条件是如此基本和重要。

尽管婴儿建立兴奋性关系的能力来自于所有哺育（以及其他类型的兴奋性体验），但在理论上第一次哺育是原型。在实践中，为了让第一次哺育更好地进行，我们应该直接做出努力。

当一切都顺利进行时，母婴之间很快就能建立起关系；相反，如果有困难，母亲和婴儿可能就需要长时间的互相妥协。母亲和婴儿的关系一开始就失败是完全不正常的，因此，这也会让母亲和婴儿为这个失败的结果而痛苦很多年。

我们必须要预料到有一定比例的失败，因为婴儿各有不同，母亲也并不总是准备好了在适当的时候实践她们的乳房潜能。然而，失败也并非完全不正常，对婴儿的发展来说并非完全就是灾难，也并不是完全没有必要；婴儿准备好了，母亲也准备好了，但条件却不尽如人意，或者受到他人的干扰。这里，我们就涉及参与照顾刚分娩的母亲和新生儿的医生和护士的心理了。那些关心婴儿生命早期阶段及需要照料刚分娩完几周的母亲的护士们并不需要特别的准备。可以看到，婴儿和母亲最开始的关系会让许多平常比较健康的女人产生巨大的焦虑，另外也很难解释那些技术娴熟、友好的护士们往往会频繁地承担本应该由孩子的母亲承担的责任，并且试图掌控局面，事实上这些护士们是试着频繁地强迫孩子吃奶。不难发现，有些护士有着世界上最强烈的愿望，她们将婴儿用毯子包裹得紧紧的，这样婴儿的手就不能乱动，然后将婴儿的嘴强行放到母亲的乳房上，她们甚至还公开承认她们可以决定是否让婴儿吃奶。

这才正是理论和实践相结合的地方。这些护士大部分都很焦虑，不是因为她们有神经症，而是因为没有人告诉她们是婴儿创造了乳房，以及母亲注定了要承担特殊的适应婴儿需要的任务，也没有人告诉她们是母亲让婴儿产生了事物是被自己的需要创造出来的这一错觉，以及婴儿通过冲动拥有了现实存在感。

必须补充的是，也有一部分护士在直觉上能理解这一点，很愿意为婴儿和母亲之间的相互妥协创造条件。

这是非常实际的事情。母乳喂养中，将乳房强行塞给婴儿，仅仅让其发现客体，而不给婴儿创造客体的机会，这会使婴儿受到抑制。实际上，在其他方式的喂养中也会见到这种情形。恐怕没有哪个心理学家能告诉我们什么样的细节对社区婴儿的精神健康产生的影响要大于婴儿成为母亲乳头的创造者而产生的影响。这不仅仅是一个问题，更关系到新生儿个体今后的心理健康。

或许我们使用的词语有误。或许应该用另一个更容易被普遍理解和接受的词语来替代“创造”。但用词不是关键。关键是需要找到正确的方法，使那些照顾新生儿的人充分认识到，在婴儿和母亲之间的兴奋性关系中，一开始的体验对婴儿来说非常重要。有一些本质上的困难。护士和医生们所做的工作对母亲来说非常重要，他们能让分娩安全进行，当母亲筋疲力尽的时候他们能给她身体上的帮助。他们有自己的技能，逐渐学习，并不断地遇到困难。这些护士和医生应该给予母亲属于她自己的并且她能够扮演好的角色，这不需要理由。在这种情况下，护士能做的是提供一些条件，让母亲尽可能变得敏感。母亲需要有机会表现得自然，找到她和婴儿相处的方式。自有人类历史以来，实际上在人类还没有从动物进化为人之前，母亲就找到了和婴儿相处的方式。

从护士的观点出发，我们会看到，婴儿和母亲最初的接触看起来像是游戏；实际上它确实也可以被称为是游戏，并且照顾婴儿的护士也会很容易感觉到，这些需要是有用的。不过在儿科病房中，大家都知道，婴儿也并不是马上就需要吃奶。只有婴儿发现了乳头，并且他们的母亲能够在适当的时候提供近在手边或嘴边的乳头，这样的婴儿才能够从容地开始吮吸。婴儿可能会有一段玩味的时间，从一开始，不同的婴儿有自己不同的吃奶方式，并且有可能持续这种方式，并在今后的习性中表现出来。对关系开始阶段的研究肯定会给观察者带来丰厚的回报。Merrill Middlemore 的著作中很重要的一部分就发表在一本名为 *The Nursing Couple*（1941）的书上，描述的是她在哺乳环境中非常小心，没有给护士、母亲或婴儿造成任何干扰。她既不期待成功，也不害怕失败。肯定只有很少数的人会做好这样的准备，用这种方式观察一段亲密关系。

错觉的价值以及过渡状态

对于理论上的第一次哺育，在现实生活中是通过对许多次哺乳中的早期体验进行总结来描述的。理论上的第一次哺育之后，婴儿开始拥有用以创造的素材。逐渐地，当母亲准备好时，婴儿也就准备好了产生关于乳头的错觉。记忆就是这样建立在无数次的感觉印象上，这些感觉印象与哺育活动和寻找客体相联系。最后，出现了一个状态，在该状态中，婴儿有信心找到他（她）需要的那个客体，这意味着婴儿逐渐地能够忍受客体不在场。这样，婴儿对外在现实的概念就开始形成了，也形成了一个客体出现和消失的场所的概念。通过欲望的魔力，可以说，婴儿幻想拥有了魔幻的创造力，并且通过母亲敏感地适应婴儿的需要，婴儿也感到自己真的是无所不能的。婴儿逐渐意识到他（她）不能掌控外在现实，形成这一认识的基础往往取决于母亲的适应技术所决定的最初的“无所不能”是什么样的。

在婴儿的日常生活中，我们可以观察到，婴儿发展出了第三世界或者虚假的世界，它既不是内在现实，也非外在现实。我们允许婴儿有这样的世界，但不允许成人有，甚至是大一些的孩子，也不能有这种虚假的世界。我们看到婴儿吮吸手指，或学会了转动脸部的技巧，或咿咿哑哑说话，或抓住衣服的一角，我们知道，这是婴儿在用这些方式宣布他（她）对世界的魔幻控制，延长（并且我们也允许）最开始由母亲适应并满足婴儿的需要所产生的无所不能感。我想到了一个对这种体验中产生的客体和现象实用的称呼，即“过渡”。我称呼这些客体为“过渡性客体”，在这其中使用的技术为“过渡性现象”。这些术语表明，在婴儿期早期有一种短暂的状态，婴儿在这种状态中可以对外在现实使用魔幻的控制。我们知道这种控制是通过母亲适应婴儿的需要所实现的，但婴儿自己并不知道。“过渡性客体”或者第一个拥有物是婴儿创造出的客体，尽管我们在这样说的时候也知道，这个物品可能就是一小块毯子或一张方巾或一个哈灵顿方格。第二个拥有物则会是由一个阿姨给婴儿的，孩子必须称呼这个物品为“它”，由此意识到魔幻控制是有局限的，并且认识到自己依赖于外在世界中人们的友好态度。

这些早期的过渡性客体和技术是多么重要！它们的重要性反映在其持久性上，甚至是幼稚地持续很多年。从这些过渡性现象发展出了很多我们允许的、有重大价值的归为信仰的东西和艺术，以及一些合法但与当前主流的文化相左的疯狂行为。

在主观和婴儿认为自然而然的客观之间是无人之境，这是我们期待并允许出现的。婴儿一开始没有受到挑战，不需要做决定，可以被允许认为有些事物是处在边缘状态的，这个事物既是婴儿自己创造出来的，又是他（她）从外在世界感知到和接收到的，这个外在世界是在婴儿形成概念之前就已经存在的。有人声称，年龄大一些后在这个方面的放任就是所谓的疯狂。在宗教信仰和艺术里，我们看到这种说法被社会化了，因此个体不会被称作疯狂，并且可以享受对宗教的信仰或对艺术的追求和欣赏。宗教信仰和艺术是人类无须对现实和幻想进行彻底区分的领域[②]。

初次接触的失败

现在我要研究的是失败的影响，而非成功的影响。这里的失败是指当母亲不能够以充分敏感的方式满足婴儿的欲望，或者当婴儿太难屈从于本能的驱使（因为更早的经历）时，会出现的状态。

在实际生活中，那些没能与外在世界建立联系的婴儿通常也并不会死。在持续的照顾中，婴儿变得被哺乳和生活所吸引，尽管生活的基础很薄弱或者缺乏。根据心理学理论，这一点上的失败夸大了而不是修复了婴儿的分裂。在这种失败下，婴儿

[②] [我们发现这一段被单独加上了一条笔记。]

不再通过暂时使用无所不能的错觉状态而使自己与外在现实的关系变得缓和，而是发展出了两种不同的客体关系，它们之间完全没有联系，以至于会形成一种严重的疾病，并且必然会在临床上以精神分裂症的形式表现出来。一方面，在婴儿的生活中，关系是建立在自身创造的能力上，而不是对关系的记忆上；另一方面，在顺从的基础上发展出了一个假性自我，并且以一种被动的方式与外在现实的要求相联系。我们很容易被欺骗，我们看到婴儿对娴熟的哺育做出反应，但没有注意到这个婴儿完全使用的是被动的方式，从来没有创造出他（她）自己的世界，也没有与外界建立关系的能力，未来也很难成长为独立的个体。探索这个假性自体并不会带来好结果。真实的自体可能只表现为拒绝哺育。婴儿活下来了，医生们对此非常满意，这实在令人惊讶。假性自体变得结构化，让现实世界无法靠近，有另外一个真实的自体藏在其中被保护着。这个真实自体的状态是稳定的，也许可以称之为内在的关系。临床上，隐藏的自体的内在活动迹象可能会在激烈活动以及极早期生活的其他迹象中表现出来。

对极端分裂的描述引出了对程度较轻分裂的描述，也确实在某种程度上引出了对所有孩子身上都会出现的问题及生命中固有问题的描述。在极端情况下，孩子完全没有活下来的理由，但在更普通的情况下，对失败的生活会产生一定程度的无价值感，并不断地搜寻能获得真实感的生活，哪怕会导致死亡，例如饥饿。在更轻的程度上，在秘密的真实自体的内心关系中，客体在一定程度上来自于理论上的第一次哺育阶段取得的成功。

换句话说，更轻程度的疾病不是分裂的原始状态，而是分裂的次级结构，它意味着在情感发展过程中晚一些的阶段，遇到苦难后的退行状态。

通过利用一个极端案例的图示，我们可以很容易地阐述这种看待早期情感发展的方式，并运用我们所看到的来完成普通正常人的任务，解决生命固有的难题[③]。

从事及描述艺术家的工作是非常有意义的。这样我们会看到有两种类型的艺术家。一种艺术家是一开始就从假性自体入手，这样只会提取出外在现实的样本。艺术家会利用这种能力。接下来，我们看到的是艺术家的真实自体努力将最初的准确印象与未曾出现的现象联系在一起，构成隐秘的真实自体的活力。如果成功了，那么艺术家就不只是创造出了一些可被他人认识的事物，而且还创造出了一些艺术家真实自体中独特的东西；艺术家完成的作品是有价值的，因为我们欣赏艺术家为了将所有不相干的元素组合到一起而做出的努力。如果艺术家非常轻易地就获得了这些技巧，那么我们可以说他（她）是一个艺术大师。

---

③[我们发现关于以上所述还有一个不同的版本，这个问题上也被单独加上了一条笔记。这条笔记是这样说的：]

“当适应在某种程度上失败时，或者混乱时，婴儿会发展出两种类型的关系。一种是与必需的个人和私密的内心世界的主观现象之间的、安静而秘密的关系，并且只有这种关系看起来才是真实的。另一种是假性自体对外界或被灌输的环境的朦胧认知。第一种类型的关系包含了自发性和丰富性，第二种是保持一种顺从的关系来争取时间，直到第一种关系在某一天有可能实现。临床上，极容易遗漏精神分裂症孩子的生活技能中有一半的顺从是非现实的。

问题是，那些看起来是真实的冲动、自发性和感觉，全都被包裹在一种无法交流的关系中（完全无法交流）。另一方面，分裂人格的另一半，那个顺从的假性自体，让全世界都能清楚地看到，也很容易控制。”

与之相对，另一种艺术家从隐秘的自体现象或个人的活力中未经加工的表象出发，孕育着艺术家自己的意义，并且在一开始对他人而言是没有意义的。在这种情况下，艺术家的任务是要弄懂他自己非常个性化的表象，为了做到这一点，他必须在一定程度上自我暴露。他的艺术创作对他来说就像很多的失败，不管有多少次失败，他的同行们还是会欣赏；而实际上，如果他们欣赏的东西范围太广泛，艺术家可能会退缩回来，因为他感到违背了自己真实的自体。那么，艺术家的主要成就是他对两种自我的整合。第一种类型的艺术家会被那些需要触碰原始冲动的人所欣赏，而第二种类型的艺术家会被那些比较孤僻的人，以及那些相信可以分享一些（尽管不会太多）基本属于个人秘密的人所欣赏。

原始的创造力

有没有原始的创造力？或者，人类是否只能将曾经内摄的投射出去，或（换句话说）将吸收的排泄出去？

关于创造力，这个问题的答案是什么呢？例如，在第一次理论上的哺育中，难道婴儿一点贡献都没有吗？

至少在我们知道更多之前，我必须假定有创造的潜能，在第一次理论上的哺育时，婴儿做出了个人的贡献。如果母亲对此适应良好，那么婴儿会假设乳头和乳汁是被他（她）需要的姿态所创造出来的，是控制本能张力的观念的结果。我认为，这些事件对精神科医生来说有非常重大的实践意义，同样也会对儿科医生的临床工作有重要作用。

如果真的有创造的潜能，我们希望可以通过投射被内摄的细节，全力以赴地找到这种创造的潜能。我们对创造潜能的辨别更多的是依靠个体对体验和客体的现实感，而不是作品的创意。

每个人都重新创造着世界，至少在一出生和第一次理论上的哺育时就开始了这个创造的任务。婴儿创造出来的东西很大程度上取决于在进行创造活动的时候呈现给婴儿的是什么，取决于母亲对婴儿需要的积极回应。不过，如果婴儿没有创造性活动的话，母亲呈现给婴儿的一切细节都是毫无意义的。

我们知道世界存在于婴儿之前，但婴儿不知道，一开始婴儿就觉得他（她）发现的东西都是被自己创造出来的。不过，只有在母亲表现得足够好的时候，婴儿才会达到这样的状态。关于原始的创造力这个问题，已经针对婴儿期进行过讨论；事实上只要个体活着，这是一个从不会停止的问题[④]。

逐渐意识到这样一个事实：世界存在于个体之前，但是感觉上世界仍然是个人创造出来的。

我非常强调对人类本性的研究中这一部分的内容。很多在第一次检查的时候看起来相互没有联系的事物在这一点上都有了联系。举例说明：

A．在婴儿出生之后的几小时内对母亲和婴儿进行照顾的实际情况（儿科）。

B．兴奋的身体关系与一般的安静的关系之间的联系，包括

[④]修订笔记：在这里应用游戏、文化定位等。

婚姻问题。

C．关于“真实”这个词含义的哲学问题。

D．宗教与艺术相联系，对此幻觉也有其自身的价值。

E．分裂症患者的非现实感以及疯狂的精神分裂症患者。

F．精神病是因为将非现实的东西当成现实的；反社会儿童是因为将不真实的当成真实的，认为依赖（实际上是真的）不是事实。

G．对精神分裂症中基本分裂的预防就是对婴儿期最早阶段的情感发展进行管理，那时婴儿的需要必须被敏感地回应。

H．原始创造力的概念以及绝对的原创性，与投射先前被内摄（消化和加工）的客体和现象不同。

母亲的重要性

只要是爱婴儿的人就可以满足婴儿的需求，这在某种程度上是真的，但有两个原因表明为什么母亲会是最合适的人选。

首先，母亲对自己孩子的爱是最真实的，比任何替代者更不容易感情用事；只有真正的母亲会毫无怨言地、完美地适应婴儿的需要。真实的母亲所有个人技巧中的小细节都是连续的，从而给婴儿提供一个简化的情感（也包括身体）环境。一个婴儿，即使被几个不同的人照顾得非常周到，哪怕只是两个人，他（她）人生的开始也会变得复杂得多。当内心的欲望变复杂时，婴儿可能也会面对一个不太确定的环境。

忽略了这个原因的话，会引起很多困惑。安娜·弗洛伊德（Anna Freud）指出，技巧是一开始影响婴儿的非常重要的东西。

事实确实是这样的。但是简单的、持续的技巧只有那个运用得很自然的人才能给予；除了母亲，没人能提供这些，除非她是一个从一开始就照顾该婴儿的非常合适的养母。但是，养母通常缺乏真正的母亲那种母亲身份的定位，或者缺乏在怀胎9个月这个特殊阶段中所做的充分准备。

对母亲们来说，很难表达她们在妇产科病房和护理室中的经历带来的感觉，尽管事实上她们确实有非常强烈的感觉，这种感觉并不总是快乐。某种程度上，在这些经历过去了几个月之后，母亲们的这些感觉的强度才会减弱；她们也知道，只有在远离分娩那段真实的经历之后，她们才能去想象一个被迫害的女人形象，这就像幻觉一样，因此母亲们在回顾过去时会看到一段糟糕的经历，就像做了一个噩梦。但是这段糟糕的经历仅仅是太过真实了，因为母亲们还不太理解她们特殊的使命，即需要把这个世界介绍给她们的孩子。

尽管如此，母亲向理解她们的朋友倾诉分娩过程时会发现，她们会说很多障碍阻碍了她们用自己的方式和孩子交流。

正如Spence所描述的一样，婴儿睡在母亲床旁边的婴儿床里是很有帮助的。护士也很难记得尽管母亲那时可能太虚弱，如果没有其他人帮忙，自己无法从婴儿床里抱起婴儿，但她是唯一合适的能适应婴儿需要的人，因为这些需要的表现方式只有真正的母亲才能非常敏锐地觉察到。

出生时的婴儿

足月产的婴儿和早产的婴儿似乎在情感的需要上有些不同。

同样，临床上会认为过熟儿在出生的时候比较困难。毫无疑问，从情感需要的角度出发，出生的恰当时间是足月，这是一个可能会被预想到的事实。

理应向儿科医生道歉，因为这些内容绕开了新生儿的生理学、生物化学、血液学以及哺育功能方面所有细致的工作。事实上，大多数情况下，躯体健康被认为是理所当然的（因为有儿科医生的帮助），孩子保健中的健康不是结束而是开始。只有消除掉对身体疾病和障碍的恐惧，才能研究婴儿的发育过程。现在我们可以发现，健康的发展不只是观察体重这么简单的事，而是关系到婴儿情感的发展。对情感发展的研究，正如我所指出的，是非常广泛和复杂的事情。

将第一次哺育看做是一种本能的体验，开始和结束都与人类的兴奋无关，这样是无益的。一开始婴儿不能够接受这种体验，并将本能事件的全部结果吸收到自我之中。有一种被兴奋状态干扰的非兴奋状态。这个安静的状态当然是原始的状态，它本身就值得研究。

假设婴儿在出生之前以及出生后都被照顾得很好（生理上），则这种安静状态被认为是自然而然的。我们可以对生理上失败的照顾进行研究，并由此推断出除了满足本能需求之外，成功的照顾使婴儿获得了什么。

“真实”的哲理

哲学家们总是很关注“真实”这个词的含义，也出现了很多不同学派的思想，他们用“当你虔诚地观察时，石头和树会继续存在”这样的观点来代替“当院子中空无一人时，石头和树也都不再是石头和树”。不是每个哲学家都会看到困扰每个人的问题是，在第一次理论性的哺育，或任何理论上的第一次接触时，对与外在现实的最初关系的描述。

我会这么看：有些婴儿是非常幸运的，他们的母亲一开始的行为就很好地适应了他们的需要。这让婴儿能够产生错觉，发现他们创造出的事物（幻觉）。最终，当他们有了建立关系的能力之后，可以开始下一步，识别出人类基本的孤独感。最后，这样一个婴儿长大了，说道：“我知道我和外在现实之间没有直接的联系，只有联系的幻觉，当我不累的时候，这个中间现象还是有用的。对这里面涉及的哲学现象，我是毫不关心的。”

那些不太幸运的婴儿确实会被和外在现实之间没有直接联系这样的观点困扰。没有能力建立关系的恐惧感时刻笼罩着他们。对他们来说，这个哲学问题变成了一个持续存在的非常重要的问题，关系到生死，关系到食物或饥饿，关系到爱或疏远。

即使是更幸运的婴儿，即在婴儿早期很好地认识了世界，也会在长大后因为不能产生与外在现实联系的幻觉而感到困扰；或者他们的能力太弱，以至于遇到挫折就会崩溃，并且发展出分裂症。

2

整　合

在心理学理论形成的过程中，容易忽略整合，但是在对发展中的人类个体早期阶段的研究中，有必要将整合看成是一个成就。毫无疑问，整合是有生物基础的，但是在人类本性的心理学研究中，过多地倚赖发育的生物学因素是难以令人满意的。

在精神病学中，我们对失整合的过程非常熟悉，它是一种主动破坏整合的过程，这导致并形成了与整合相关的焦虑防御机制。但是，对于学习整合过程的学生来说，直接研究失整合可能会被误导。

我们有必要假定在发生整合的场所之外有一种非整合的状态。我们将婴儿看做是人类的一个部分，这个部分在子宫中很安全，但还不是情感发展中的一部分。如果我们从婴儿的角度来检查 [这个部分]（尽管婴儿并不在场，比如，能有一种观点），我们会发现未整合状态总是伴随着无意识。

理论上的起源就是未整合状态[①]，在空间和时间上都缺乏完

[①]这些观点来自于 Edward Glover 以及他有关“自我 - 元素”的概念，不过读者应该参考 Glover 的著作，而不是我的描述，我不准备阐述他的贡献。

整性。个体在该阶段没有意识。我们一旦谈论一些冲动和感觉，就在开始的基础之上更进一步了。这时自体的重心从一种冲动或感觉转换到另一种。我们所指的开始早于足月出生的时刻。

在未整合状态之外，还有某些时刻或主要阶段会存在整合的状态，然后一个总的整合状态会逐渐成为事实。潜在的整合是一些内在的因素，比如本能的渴望或攻击性的表达，每个都出现在完整的自体整合之前。在这样的时刻，才有可能出现意识，因为那时婴儿的自我存在。外在的照料同样能促进整合。心理学一定会说，婴儿是碎片状的，除非被连接在一起，并且在这些阶段，对婴儿身体的照顾就是对其心理上的照顾。

母亲通过共情知道当抱起婴儿时，抱的过程的意义要大于抱的时间。婴儿接收到信息；身体的各个部分被组合到了一起；最终，在合适的时间，婴儿被抱起来；并且，母亲的动作开始、继续和结束，对婴儿来说，他（她）感觉是从一个地方被抱到另一个地方，或许是从小床里被抱到了母亲的肩膀上。

当自我建立起来时，个体记住了外在的照料，然后能够自我照料，这样整合变成了更可靠的状态。因此，依赖就变少了。逐渐地，当整合变成了个体的持续状态时，那么与未整合相比，“失整合”一词更适合用来描述拒绝整合的状态。在晚一些的阶段，可以看到夸张的自我照料，形成了一种对失整合的防御，这是由环境失败的威胁造成的。所谓环境失败，我指的是安全抱持的失败，以及已经超越了个体出生时能够承受的失败。

我们可以观察到，失整合是一种组织好的防御，用来对抗与完全整合状态有关的焦虑症而引起的巨大痛苦。这种类型的失整合会在以后成为病理性混乱状态的基础，是一种继发的现象，与人类个体原始的混乱没有直接的关系。

在运用这些原则时，想到托儿所里有关鸡蛋男孩的诗歌（Humpty Dumpty）以及它受欢迎的原因是很有用的。很明显，有一种无意识的感觉，那就是整合是一种不确定的状态。托儿所的诗歌之所以吸引人，可能是因为它承认个人的整合是一种成就。

我用“算术”来描述未整合状态中出现的首次整合。问题是，个体的自我元素是否一个一个地叠加在一起。有时在治疗中会看到，无法使用一些常见的简单算术往往源于小孩不能从简单的一个、单元等概念开始，要明白的是这一概念最终代表了自体。需要注意的是没有能力做简单算术绝不意味着没有能力做非常复杂、抽象的心算，事实上，使用抽象思维思考数学名词和无法使用简单加减法之间也是有关系的。

某种程度上，这些理论解释了在最激烈的时候被毫无保留地表达的爱和恨，甚至是愤怒的价值。整合使人感觉健康，丧失了整合感是令人疯狂的。对自我表达妥协的这些紧急时刻对此时的整合是有价值的。与新获得的整合状态中产生的问题、之后的未整合状态以及将来可能成为威胁的失整合状态相伴，个体同时开发皮肤的感觉，这是一种戏剧化的身体保护，也是一种对自我照料能力的过分强调，它来自过去对抱持的记忆以及未被充分抱持的体验。

正常婴儿在休息的状态必须能够放松和退行到未整合状态。当自体逐渐发展出力量和复杂性时，退行到未整合状态就变得越来越接近于痛苦的、“疯狂”的失整合状态。因此，出现了一个中间状态，在这个中间状态中，被良好照顾的发展中的婴儿可以放松和保持未整合状态，并且能够承受（不过仅仅只是承受）未整合状态中“疯狂”的感觉。然后，婴儿又前进了一个阶段，朝着独立迈进了一步，并且永远不会再回到未整合状态，除非是疯了或者是在心理治疗的特殊情况下。对于之后的状态，我们只使用“失整合”描述，而非“未整合”。

此时，我们就可以探索婴儿是否得到了很好的护理和安置。当然，婴儿都需要这两种体验。尽管如此，可以说，只要婴儿被完美地抱持（通常是这样，因为母亲知道怎么做），他（她）就能对生活关系有信心，也就能够在被抱持的时候未整合。这是最丰富的体验类型。不过，通常抱持是变化的，甚至可能被焦虑（母亲对坠落的过分控制）或者焦急（母亲发抖、皮肤灼热、心跳过速等）损坏，在这种情况下，婴儿难以获得放松。此时，放松只有在精疲力尽后才能到来。在这样的情况下，摇篮或者小床成了一个受欢迎的选择。不过，还需要为婴儿放松过后做准备（再整合）。

正是类似的因素让一些婴儿在母亲不能哺乳的情况下可以依靠奶瓶进食。这很大程度上取决于母亲如何抱持这个婴儿，并且需要强调的是，这不是一些靠教授就能完成的事情；如果要给予帮助，我们可以对环境进行管理，使母亲更加自信，或者给母亲练习她们与生俱来的能力的机会。

在理论上的开始阶段，婴儿的衣服是件很麻烦的事情。出生后，婴儿的皮肤很敏感。这样，早期婴儿就有空间来容纳原始的赤裸以及和母亲身体接触的机会，而且据我所知，目前这些还没有被完全弄明白。沿着这条线索开展的研究自然延续了儿科对早产儿的工作，它指出了保暖箱技术中赤裸的价值[②]。事实是，整合和达到整体状态带来了巨大的新的发展。整合意味着责任，也伴随着意识和记忆的集合，同时将过去、现在和未来带入了关系当中，它几乎意味着人类心理的开始。我对情感发展中抑郁位态的研究在这一点上开始进入主题。不幸的是，在婴儿情感的发展过程中，在达到整体状态之前会发生很多麻烦的事，并且对很多婴儿来说，从来就没有达到过人类真正的“抑郁位态”。

如果（在某种情况下）婴儿得到了好的照料，并且整合得很好，那么婴儿的人格基础可能会比较好。如果整合的是冲动和本能体验，以及与欲望相关的愤怒，那么婴儿的人格就会比较有意思，可能在性质上是兴奋的。这两种整合都会体现在健康的人格中，而两者结合才能形成稳定的人格。如果缺少任何一方，就不能很好地整合，或者以一种固定的状态整合，表现为过分强调、高度防御、无法放松以及安静的未整合状态。

还有第三种发展方式，即整合出现得早，表现为对外界的影响过度反应。这是照顾失败的结果，稍后我们会讨论。在这里整合是有价值的，因为影响是预期的，而且也是持续需要的。在这种并不罕见的情形下，也会发现偏执位态（非天生的）的早期基础。

② Mary Crosse：伯明翰。[新生儿科学的先驱。]

随着孩子的发展，需要运用“失整合”这个词而非“未整合”来描述整合的丧失。失整合是一种主动的防御过程，对未整合的防御与对整合的防御差不多。失整合是由内心世界的形成以及对内心客体和力量的控制而导致的分裂。在临床上，我们会碰到各种程度和各种类型的失整合，甚至是严重的精神病性的分裂。对于未整合，我们只在健康人的放松状态以及心理治疗中达到严重退行时才能看到。在后一种情形下，治疗师掌控着患者的防御组织，并且这种防御在分析性情境中高度专业化的躯体和情感条件下表达出来。

此时，我们不是通过直接观察来研究婴儿，而是在高度专业化的心理治疗情境中，研究婴儿生命早期的正常生命状态。

关于整合的实际结果，我们有一个非常有趣的观察。整合可能还带来了攻击。若个体在比较晚的阶段达到了整合状态，攻击会表现得更加真实，但在正常婴儿最初整合时，这种攻击就显得不那么真实。自我因素及外部世界的整合产生了一个暂时的可以被称为偏执的状态。这时，母亲的照顾介入到整合的个体和被否定的外在世界之间是非常重要的。防御性攻击往往会出现在晚期的整合（即不是发展早期的正常过程）后，而且这种防御性攻击很容易被误认为是本能冲动。个体的防御中可能发展出这种类型的攻击，代替属于后续整合状态的纯粹的本能冲动。在心理治疗中，整合的时刻极其重要。对于大一些的孩子或者甚至是成年人，心理治疗师需要清楚地理解整合的工作，并且理解在实践中，整合可能是非常短的一段时间，特别需要治疗师处于被否定的外在世界和新生的整合个体之间的位置上。

如果此时治疗师能够像母亲一样，在一开始就对正常的婴儿进行照顾，那么偏执类型便不会形成，个体将有机会发展真实的本能冲动，这种冲动存在生物基础，而不像防御性攻击的冲动，后者不是与生俱来的，带有焦虑性质。

在某种特殊的情况下看到的偏执模式，有着非常重要的临床意义。这种偏执模式具有防御性攻击的倾向，尽管它是病态的，但是也有积极的意义，即达到了暂时的整合状态。

我认为这和 Lydia Jackson 所阐述的理论非常相似[③]。

[③] Jackson，Lydia：(1954) *Aggression and Its Interpretation*。

3

寄居身体的心灵

身体的感受

我们太容易理所当然地认为心理立足于身体，然后就忘记了这个认知是相当大的一个成就。有些父母会夸大和强迫进行婴儿期的训练，并且为此自豪不已。甚至那些很明显属于身体内部的东西，都能被发展出超出皮肤范围而存在的意味。“外胚层”这个词似乎都被应用于部分自体，而这个自体不是以身体承载的。相比之下，在癔症中，可能有一种情况是皮肤不被包括在人格之内，甚至对患者来说皮肤变得没有血色，毫无意义。

皮肤对于心理可以很精确地置于体内而言是非常重要的。对婴儿皮肤的照顾，对于促进其体内健康是很重要的一个因素，就如同抱持促进了婴儿的整合。智力过程的运用减弱了精神-肉体共存的程度，但对功能、皮肤以及性欲的体验有助于个体达到心身一体的状态。可以说，所有人类，由于本能受挫，导致对心灵在体内变得不那么确定，因此时常感到绝望或无价值，并且需要忍受一段时间心灵和身体之间没有联系的状态。这会在任何程度的不健康状态中被夸大。关于鬼怪和幽灵的观念源于心灵在身体内缺乏基本的固定，鬼故事的价值就在于它引起了对心身共存状态不稳定的注意。

我们在这里直接运用这个理论，不只是为了研究和处理临床上的皮肤病，还为了能理解占很大比例的广泛的心身障碍。心身障碍由很多因素决定，但是经常会被遗漏的因素可能是最重要的。通常我们会看到，对心身障碍的心理学讨论没有提到，对患者来说，将心理的某些方面与身体的某些部分相联系有积极的价值。很多情况下，心身障碍有潜在的精神病性焦虑，甚至在更为表浅的案例中，可以看到忧郁症或神经症的因素。

身体和心理没有与生俱来的认同。当观察者观察的时候，心理的基础是身体，并且依赖脑部的功能，源于对身体功能的想象性加工。不过，从个体发展的观点出发，自我和身体并不是天生就叠加在一起的，即一个叠在另一个上面，但是对健康来说，有必要让这样的叠加成为真的，那样个体才能够变得有能力承受自我认同，严格地讲，它本来的样子指的不是自我。心理逐渐和身体妥协，以便在健康状态下，最终会出现一种状态，即身体的界限同样也是心理的界限。一个 3 岁的孩子画的被称为“鸭子”的圆圈，既是鸭子的称呼，也是鸭子的身体。此时，个体就获得了使用代词的能力。众所周知，很多人无法有更多的发展或者丧失了他们曾经获得的能力。

很多关于整合的描述同样也适用于心理和身体的整合。安静的体验和兴奋的体验各有其贡献之处。内在出现的两个方向分别是身体的和环境的；对冲动、皮肤感觉、肌肉性欲、使整个身体兴奋的本能进行体验，对身体进行照顾以及满足本能的需要，这样个体才有可能感到满意。躯体训练可能会带来特殊的压力，特别是那些不自主的训练。我们现在已经接受，在对孩子的照顾中，允许很小的婴儿从不穿衣服躺着踢腿中获得快乐是有价值的。襁褓的效果已经得到了研究，人们认为它会影响婴儿人格的发展[①]。

本能体验失灵特别会导致心身联系松懈或者丧失。不过，如果能得到安静（非兴奋）的照顾，这种关系会及时回归。

在成人精神病学中，“人格解体”这个术语被用来描述心理和身体之间关系的丧失。该术语可以被用来描述正常儿童的一种普遍的临床状态，被普遍称为“胆汁质的疾病发作”，尽管呕吐并不是其常见的特征。孩子会暂时软弱无力，苍白得像死了一样，也没有任何反应——不过几分钟或几小时后，孩子就会缓过来，然后非常正常，伴有肌张力正常，并且皮肤是温暖的。

偏执狂与天真

有时我们比较这两种极端是有益的。在正常的发展中，整合与心身同时取决于生活功能体验中的个人因素和环境中的照料因素。不过，有时前者是重点，有时后者是重点。

在前一种极端的发展类型中，婴儿卷入到一种预期的迫害中。自体的整合形成了对非我的敌意行为，回到安静状态并不

---

① Gorer，G. and Rickman，J.（1949）：[*The People of Great Russia*: *A Psychological Study*]。

是回到一个可以休息的地方，因为地点已经变了，并且变得危险。因此，就有了一个非常早的偏执的来源，这个来源出现得非常早，但不是与生俱来的或者是真的本质的东西。

在后一种极端的发展类型中，环境中的照料因素是自体整合的一个主要原因；实际上，可以说是自体被整合到了一起。此时，预期性迫害相对缺场，天真的基础开始出现，个体没有能力预料到迫害，并且无法改变对良好环境的依赖。

正常情况是介于这两种极端情况之间的，有对迫害的预期，同时又有保护的经验，防止被迫害。

在这个基础上，个体逐渐变得能够自我照顾而不是被人照顾，这样就可以实现一定程度上的独立，而在天真或偏执狂这两个极端情况中是不可能达到这种独立的。

4

最早的状态

环境 – 个体结构的图解

我们可以通过再次应用一种新的描述方法，检查更早期个体的发展阶段。我们可以运用一个图解来说明。现在环境是最重要的，不管在理论上还是在现实中，都不能被忽略。

现在我们说的任何事情都可应用于足月出生前不久的婴儿，同样也适用于出生后的婴儿。对我们来说，没有必要明确地决定胚胎在哪个阶段会变成一个可以从心理上来研究的人，不过可以较为肯定地说，过熟儿在子宫中停留时间太长，而早产儿的能力还很有限。毫无疑问，从心理学角度出发的婴儿合适的出生时间与从生理发育角度出发的时间相似，也就是说在子宫中孕育 9 个月之后。

我们将会在后面的章节研究分娩过程对婴儿的影响，但是在此有必要试着找到一种语言用于描述足月的胎儿，这样，当我们检查出生对个体的创伤时，就可以用一些有意义的方式来看待人类的胎儿，而不是仅仅运用心理学家所谓的想象出来的结构。唯一的问题是：人类从什么年龄起开始体验？就婴儿出生之前的能力而言，是可以保留身体的记忆的，因为一些数据表明，个体记得其出生之前所经历的一切。众所周知，婴儿在子宫里会有些动作，一开始就像鱼在游泳一样。对那些怀孕6个月之后留心胎动的母亲们来说，胎儿有价值的活动是非常熟悉的；假设感觉也是在类似的时刻开始的，确实可能有一个核心的结构能够进行体验。

我假定有一种状态，这种状态存在于正常婴儿出生之前和出生之后。感这种状态属于婴儿而非观察者。在健康状态下，存在具有连续性。如果拿气泡作比喻，则可以说气泡内外的压力相当时，气泡才不会破；就婴儿而言，这种状态被称为“存在”。相反，如果气泡内外的压力不同，那么气泡就会对冲击做出反应。它因环境的变化而变化，而不是基于身体的冲动体验。对于人类，这意味着生命受到了干扰，由简单的存在状态转变为对冲击做出反应的状态。冲击结束，反应停止，又回归到存在的状态。对我来说，这似乎是一个不需要想象就可以将我们带回子宫中的生活情境，而且它也可以将生命中任何复杂的现象简化。

1.

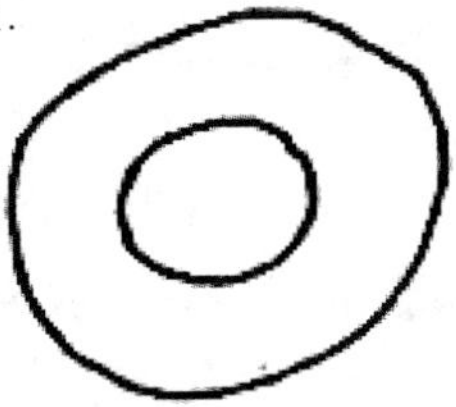

这表示个体完全脱离了“环境 - 个体”这一最初的结构单位。问题出现了：二者如何进行联系？它会成为个体生命过程的一个部分吗？还是会成为不安定的环境的一部分？

假设主动适应是近乎完美的，那么这个时候的结果就像图 2 一样。

2.

个体通过自身的运动（也许是脊椎或腿在子宫中真实的物理运动）发现了环境。这再次成为一种关系模式。在不那么幸运的情况下，关系模式的建立来自环境的变化，就像图 3 一样。此时，可以用“冲击”这个词来描述。

3.

个体对冲击做出反应，但是这些冲击是无法预料的，因为它跟个体的生命过程无关。同样，它又成为一种关系模式，这种

关系模式与前一种关系模式产生完全不同的结果。不过在第一种模式中，体验的整合就像是生命和现实的一部分；而在第二种模式中，对冲击的反应减弱了真实活着的感觉，只有再次回到隔离的状态，就像图 4 一样，才能再次获得这种感觉。

4.

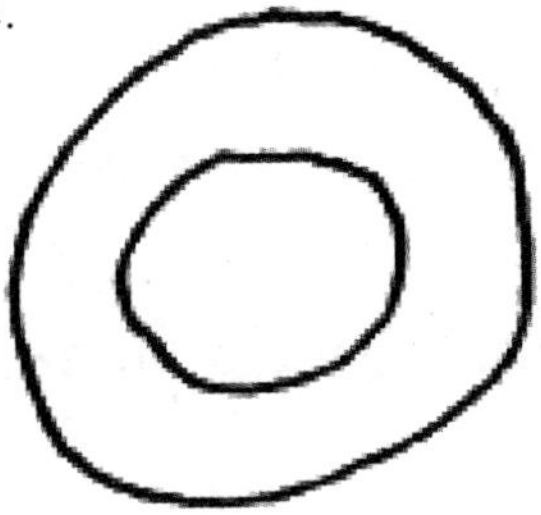

通过这种简单的图解的方式，我们可以知道从很早的时候开始，环境就对个体产生了影响。这种影响决定了个体在寻找生命的意义时是会选择积极参与体验，还是从外在世界中退缩回来。婴儿出生前，母亲的刻板和无法适应（因为她焦虑或者抑郁的情绪）可能会传递给婴儿。

基于这些对存在的持续性、对冲击的反应，以及对持续性的干扰和之后回归存在状态的假设，我们可以得出更为深刻的描述：在出生之前的一段时间里，人类婴儿习惯了持续受到干扰，并且如果这些干扰不太严重或者持续时间不太久，婴儿可以适应。从生理上来说，这意味着婴儿不仅对压力和温度以及其他简单的环境变化有感受，也会欣赏这些变化，并形成一种应对变化的方式。从观察者的角度出发，无论是在生命简单的连续性存在时，还是在这种连续性受到冲击或被反应所打断时，环境都是非常重要的；对婴儿来说，无法意识到此时的环境是足够好的。我们必须记住，足够好的环境对刚开始生活的人的自然发展来说都是非常必要的。

婴儿基本上不能意识到足够好的环境，但缺乏这种足够好的环境则婴儿无法发展，而正是由于心理学家没有提到足够好的环境，导致对人类发展过程中非常早期进行的研究被破坏了，并且这些研究通常是无效的。这种考虑有时甚至在普通的心理分析治疗中也会有实际的应用。例如，我会提到一个男性患者的案例：

> 在对他的分析中，当他躺在沙发上时，他说："就在那时，我在自己面前的某处蜷缩着，不停地旋转。"
>
> 我立刻在这个蜷缩起来的"婴儿"面前设置了一种环境，对患者说："当你告诉我那些的时候，你同样也暗示着一些可能你自己都不知道的事情，我称之为媒介。"（我指的是子宫里的物理环境和心理环境。）患者说："我明白你的意思，就像轮胎转动需要油一样。"（类似齿轮箱或者冠齿轮。）
>
> 因为我知道如何应对这种退缩的时刻，所以这种体验在分析中变得非常有价值，使患者发生很大的变化，包括能够以一种新的方式处理外在的现实。

对于所有的婴儿照料和儿童期管理，以及对躯体疾病和心理疾病的护理，这个简单的包含个体的媒介相关图解对代表环境的人而言很有价值。

基本原则是，通过对简单需求的主动适应（本能还没有占据核心地位），个体可以存在，并且不需要了解环境。同样，适应失败导致存在的持续性中断、对环境冲击做出反应，以及一种没有创造性的状态。原始的自恋状态，或者尚未接受环境这个事实的状态，都是环境能够被创造出来的唯一的状态。

重力作用

有一个重要的辅助因素影响了对小婴儿和精神病患者的照顾，这里的精神病患者是指有一定程度退行行为者，退行有的是因为疾病本身导致的，有的是在疾病治疗过程中出现的。关于这个辅助因素，我指的是对重力作用的初次感受。

我们有必要假定一个属于子宫中生活的阶段，在这里重力还没有表现出来；爱，或者照顾，都只能通过身体来表达和领会，并且可以被运用到环境中的所有方向上。孩子的出生带来的一个变化是，新生儿不得不适应一些非常陌生的东西，会觉得被从下往上推而不是被环抱。婴儿收到的各个方向的爱变成了只有来自下面的爱（译者注：即婴儿在子宫内时，身体的各个部位都与子宫密切联系，婴儿感受到了全方位的爱，但是婴儿出生后，被照料者抱着，只有某一部位与照料者亲密接触，通常是臀部，所以说只感觉到了来自下方的爱）。母亲能理解婴儿的这种感受变化，并通过抱孩子的方式以及有时用衣服将其紧紧包裹起来，试图给婴儿一些时间去习惯新的现象。在从前重力状态向重力状态过渡的过程中照料不当，这可能是个体梦到坠落或被举到一个极高处的根源。很明显，从老年症状学来看，婴儿认为从一个时期变化到另一个时期意味着从被爱变成了被忽视。

5

生命的原始状态：前原始阶段

刚开始是未整合的，身体和心理之间没有界限，没有非我这样的现实。理论上来讲，这是最初的状态，没有成形，也没有计划。但实际上这不是真的，对被照顾着的婴儿来说，被爱即意味着物质上的爱。对其需要的满足基本上就是全部。

当我们向情感发展最早的根源看时，我们会看到越来越多的依赖。在最早的阶段，个体对环境太依赖了，以至于将新生个体看做是一个统一体都是没有意义的。在这个阶段，统一体是“环境-个体”的结构（或者是其他任何能更好地描述它的称谓），在这个统一体中，个体只占一部分。在这个早期的阶段，从个体的角度来考虑是不符合逻辑的，这并非仅仅因为依赖的程度，或者是新生个体还没有能力识别环境，也因为还没有一个个体的自我能够区别我和非我。

当我们观察的时候，我们会看到一个母亲，并且看到一个婴儿在她的子宫中孕育，或被她抱在怀里，或者被她用其他方式照顾着。但是如果我们从婴儿的角度看，就不会发现这些。但是未来发展的所有萌芽都在这里，并且存在感的持续性对婴儿未来成为一个健康的个体是非常重要的。

人类个体从无生命变成具有生命是一个什么样的状态？关于个体发展，人类本性的基础是什么？为了能够重新开始，每个人，不论其年龄如何以及经历过什么，都能回到一种基础状态，这种基础状态是什么？

对这一情况的描述肯定包含矛盾冲突。一开始的时候是必要的孤独感。同时，这种孤独感只会在最大限度依赖的情况下才会出现。新生个体在存在感持续性的开始阶段，对环境以及环境中的爱是没有意识的，这里的环境是指某种类型和某种程度的主动适应，它保证了存在的持续性不会被对冲击做出反应所干扰。

除了在一开始的时候，以后都不会再有这种基础的和与生俱来的孤独感。尽管在个体的生命中，始终会存在一个基础的、不变的以及与生俱来的孤独感，但个体意识不到这些使孤独感存在的必要条件。

各种各样的焦虑会干扰这种想获得孤独感的愿望，并且隐藏在健康个体的自我照料中，以便个体可以独处。

产生孤独感之前的状态是一种没有活力的状态，死的愿望通常会被掩饰成没有活力。第一次觉醒的体验让人类个体知道有一种平和的、没有活力的状态，并且通过极端退行的方式可以平和地达到这种状态。通常认为死亡是有活力之前的初始状态，在这种状态中，孤独感是真实的，并且在依赖出现之前很早就已经产生了。个体的生命是两种没有活力的状态之间的间隔状态。但是最重要的是，活力源于哪里，这给人们关于第二次死亡的看法涂上了神秘色彩。

弗洛伊德认为，每个个体始于无机状态，也终于无机状态，基于这点，他形成了自己对生命和死亡本能的看法。有证据表明，弗洛伊德非常睿智地指出这个事实，并认为其中隐含着真理。不管是弗洛伊德指出了这个事实，还是他发展的关于生命和死亡本能的理论，都没有让我更加确信，并且我认为如果有人希望在这方面继续推进弗洛伊德的工作，那么他（她）除了秉持最原始的想法外，摒弃以上观点将会非常有收获。

矛盾确实存在，在此，我想列举两种不同的构想。观察者可能会意识到，每个个体最初都是从无机物变成有机物的，然后在有限的时间内又回归无机状态。（甚至这也不全对的，因为个体从卵子发育而来，而这个卵子又带有所有祖先的受精卵的历史，因为有机物最初从无机状态变化而来是在几亿年前。）同时，从个体及个体经验（个体经验构成了心理）的角度看，生命不是来自无机状态，而是来自孤独感；这种状态出现在依赖之前，是可以被识别的，而依赖取决于完全的可靠性；这一状态比本能出现得早很多，更多的是除了内疚能力之外的东西。在阐释生命后的未知死亡时，个体回到曾经历的这种状态，还有什么比这更自然呢？

婴儿（或者胎儿）没有能力关心死亡的问题。不过，每个婴儿都有一种能力，可以关注依赖前的孤独感，因为他们能感觉到孤独，而且这种能力并不会因婴儿出生时间不确定而改变。

产生依赖之前的孤独感是与生俱来的，人类能认识到这点非常重要。之后，弗洛伊德发展了生本能和死本能理论，介绍了感知到的死亡，以及感知到的有机状态和无机状态之间的区别，甚至包括破坏的观点，但弗洛伊德没有介绍依赖的起源，这可能有双重原因，一是因为没有足够的了解，二是人类逐渐才形成了对依赖的感觉和看法。结果，他关于死亡的理论是错误的，即认为死亡是生命的终点，并且他的攻击理论也是错误的，因为他回避了攻击的两个非常重要的来源：一个是原始爱的冲动中与生俱来的东西（在前原始阶段，除了对挫折的反应以外）；第二个是那些打破生命连续性的冲击，这些冲击迫使人们做出反应。精神分析理论的发展涵盖了这些早期的现象（或者其他现象），这使得弗洛伊德的生本能和死本能理论显得有些多余，并且在我看来，弗洛伊德对其理论有效性的怀疑远比理论本身更重要。然而，或许只是我误解了弗洛伊德真正的意思。

如果我们能发现一个序列，即孤独感、双重依赖、同情感出现之前的本能冲动，然后是关心和内疚，那么似乎没有必要引入“死本能”。另一方面，如果原始爱的冲动中没有攻击性，只有对挫折的愤怒，并且如果因此从原始野蛮到关心的变化是不重要的，那么就有必要寻找另一种关于攻击性的理论，也就必须重新检视死本能理论。

死亡对刚出生的婴儿来说，意味着非常确定的东西，即因为对环境冲击长时间地做出延迟的反应而丧失存在感（良好适应的失败）。没有必要超出这些，并且勉强接受关于婴儿期早期对没有活力的认识的理论，这一理论是非常荒谬的，因为它所涉及的很多发育问题只是假设，根本没有发生。

6

混　乱

没有必要假定有一种原始的混乱状态。混乱中是有秩序的；在一开始没有黑暗，因为黑暗也暗示着光明。在一开始的时候，在每个个体重新创造世界之前，生命的状态是简单的，并且及时地开始意识到生命的持续性和存在的持续性。

当生命被打断时，个体的情感发展第一次出现了混乱，特别是当这种中断持续太长时间的时候。开始时混乱中断了生命线，之后个体通过再次体验连续性而获得修复；根据个体生命早期的经验，如果这种干扰超过了可以忍受的程度，根据粗糙的经济原则，混乱就进入个体的结构中。

当有一些可辨识的秩序时，混乱就变得有意义了。它代表了可变化的顺序，此时，个体就能感受到混乱本身已经变成了一种秩序，这种状态可以在防御中变得有结构，用以对抗与有序相关的焦虑。

混乱自身还包含了与有序相关的新的含义，我们称之为“整合”。未整合是一种原始的状态，但并不是混乱。失整合是混乱的，是一种可变的有序，并且可以说它是一种粗糙的防御组织类型，防御由整合带来的焦虑。然而失整合自身不是一种可以发展的状态，并且因为失整合持续了下来，所以情感发展必定会中止。每种模式的混乱都促成了后续阶段的混乱，从早期阶段的混乱中恢复过来也积极地促成了后面阶段混乱的恢复。

毫无疑问，一定程度混乱的环境只会造成个体对混乱的防御状态，这在临床上很难与大脑组织缺陷所致的心智障碍区分开来。这种缺陷源于早期发育的阻滞。

内心世界混乱是一种出现较晚的现象。用晚期现象的语言来说，内心世界混乱是一种源于口欲施虐的有组织的状态，属于已经达到单元状态的人类的本能，它既有内涵，也有外延。忧郁症的焦虑属于这种内在的混乱，并且抑郁（某种形式的）意味着对所有内在现象的魔幻控制，直到重构起内心的有序为止。

抑郁症患者呈现的外部世界的混乱意味着个体尝试展现其内在的样子。为了防止这一过程出现，个体可能迫切需要外在的有序性，就像强迫性神经症一样；不过强迫性行为一直指向的是内在的混乱，因此强迫性的有序无法使之痊愈，因为它只针对内在混乱的外在表现或者否认内在的混乱。

那么首先，没有秩序就没有混乱。我们可以称之为未整合。混乱的出现与整合相关，回归混乱的现象称为失整合。

接下来的防御状态不是混乱的，但其性质却是分裂的。分裂是人类个体的基本状态，但如果母亲的照料很好，有可能缓和一些错觉或幻觉的话，这种分裂就不那么重要。如果母亲缺乏足够好的主动适应，那么分裂就会变得非常明显，并会带来以下后果：

A．真实自体的根源，自发的，与主观世界中所认为的无所不能相关，无法交流。

B．假性自体与对外在现实的顺从相联系（不是自发的）。

逐渐地，随着发展的进行，个体可以包含人格中的分裂，然后缺乏整体性，即所谓的解离。

达到单元状态与抑郁位态使个体内在世界中的混乱、分裂以及分离变得戏剧化，个体的本能体验所带来的复杂后果被融合到了这些戏剧化中。

个体已经达到单元状态之后的失整合是对整合的有结构的消解，因为对完整性的体验产生了无法忍受的焦虑。失整合中发生分裂是由于内心世界的结构分裂，或者感知到外在世界的分裂。

"解离"一词描述的是这样一种情况，即个体的人格发展相对还不错，但人格的各个要素之间在相当大的程度上缺乏沟通。比方说，在能记得的梦里，个体睡着的状态和醒着的状态之间缺乏交流。有一种正常的解离（适时的），比方说 3 岁儿童的生活和长大几岁后该儿童的生活之间正常的解离。解离可能看起来很像"神游症"，在解离过程中，个体的行为和生活都不像是个体原有的性格所致，而且事后个体也无法回忆解离过程中发生的一切。

个体开始变得能够脱离与原始存在相关的大量组织结构，能够享受意识层面的内容，也能因潜意识而变得更为丰富或被困扰。自身的某些方面始终难以被个体接受，并且某种特殊的潜意识形式（被压抑的部分）现在成了一种特征。

压抑指的是比较健康的人意识不到一组感觉、记忆和想法，因为如果个体意识到同时发生的爱和恨，意识到报复的恐惧，则个体难以承受这样的痛苦。与此类似的是对本能的抑制。对于压抑，精神分析以经典的治疗方式，通过让个体意识到内心冲突，并能忍受自由的本能表达所带来的焦虑，从而使个体的压抑得到缓解。

如果发展进行得顺利，个体就能够欺骗、撒谎和妥协，能够接受冲突，并且能够摒弃极度完美的想法以及让个体难以承受的极度糟糕的想法。具有妥协的能力不是精神病患者的特征。

成熟人类既不是那么好，也不像不成熟的人那样糟糕。就像杯子里的水，既不是完全清透、无杂质，也不是泥浆。

7

才智的作用

我们首先有的是身体，然后是健康的心灵，并且后者逐渐固定在身体里，最后会出现第三种现象，我们称之为才智或思想。

研究思想在人类本性中作用的最好方法是，从简单的心身着手，即从足够好的环境着手。

刚开始环境必须百分之百地适应个体的需要，否则生命就会因为对冲击的反应而中断。不过很快，完全适应就会变得没有必要。逐渐地，对需要的不适应可以帮助个体成长（同样，这种不适应也是不可避免的）。个体从智能层面开始解释和接受这种不适应（在一定数量上），进而将某种程度的不适应变回总体上完全适应。经验被编成目录并分类，而且与时间相联系。可能因为思考需要使用语言，所以在思考成为人类特点之前的很长一段时间，才智的作用体现在行为上。才智的功能在婴儿之间差异很大，因为智能要做的工作不仅取决于生命和成长的先天因素，还取决于环境中的行为因素，或者取决于照顾这个婴儿的母亲本身。混乱的照顾（患有精神病的母亲）会引起智力上的混乱以及某种心理上的缺陷，但是刚开始因为不适应而产生的轻微紧张可能引起智力上的过度发展，之后个体可以有价值地使用智力，尽管这种情况带有一定程度的不稳定性，因为它是反应性的现象而不是天生具有的。

在一种极端的情况下，个体的智力过度发展，成功地应对不能满足个体需要的情况，这种应对在孩子的经济概念中是非常重要的部分，此时孩子的自我（理智）扮演育婴女佣的角色，就像是母亲的替代者一样来照料婴儿。在这种情况下，理智有一种假性的功能和生命，它主导着心身，而不是成为心身的一项特殊功能。老师和父母可能会喜欢这样的结果，因为孩子看起来很聪明。但是精神病学家们知道，这样发展起来的孩子是危险的，而且发生的每件事情似乎也不真实。要研究如何利用理智，必须同时研究智能。智能取决于大脑的质量，而这种质量很大程度上是天生的。近年来，设计得非常严谨的一些智力测验可以在日常生活中用来测量人类后天的智力情况。然而，这些测验无法评估人格和情感的发展状况。

8

退缩和退行

在心理治疗的后期，个体在分析情境下会出现退行，并且在专业的治疗环境中得到发展和抱持。很明显，这种退行和日常的退缩之间有非常密切的关系。退缩是一种很普遍的现象，如果条件不允许，退缩就会以一种敌意的方式表现出来，这时就可以用“愠怒”这个词来描述。

将退缩看成是一种情境对我们的工作是有帮助的，在这种情境下，相关的人（孩子或成人）以牺牲外在关系为代价来掌控自我退行的部分并照料它。

如果在心理治疗中能够敏锐地观察和处理退缩，即治疗师能够迅速介入并抱持婴儿，那么患者就会把照料的任务交给治疗师，而他（她）自己则退回到婴儿的位置。

退缩是一个保护性的过程，是有用的，但是从退缩中恢复过来并不会带来任何缓解，实际上从退缩到恢复的过程中会有很多的并发症。然而退行却有治疗的作用，因为早年的体验可以在退行中得以纠正，个体可以真正地体验到安宁及依赖。个体能否从退行中恢复取决于是否可以重获独立，如果治疗师能很好地把握这一点，那么患者就能处于一个更好的状态，而不会处于抑郁状态。当然，所有这些都基于患者具有信任他人的能力，同时也取决于治疗师能证明自己值得被信任。为了建立彼此的信任感，治疗前可能会有一段很长的准备期。

当心理治疗中出现退行时，患者（不论什么年纪）最终必须能够达到对环境中的照料和自身的依赖无意识，这意味着治疗师对患者的需求能够足够好地适应。有一种状态叫做原始的自恋，在治疗中肯定会在某个时刻达到这种状态。在恢复的过程中，患者需要治疗师扮演两种角色——在所有方面都是患者想象中最坏以及最好的那个人——或者是一个理想化的母亲角色，给予孩子完美的照顾。随着对治疗师扮演的理想化的和非常坏的角色的识别，患者逐渐接受自我中好的部分和坏的部分、绝望的部分和有希望的部分、不真实的部分和真实的部分，实际上包括所有极端的两面。最后，如果一切进展顺利，患者也会像治疗师一样成为不完美的人，这种不完美是指超出某种程度和在某个时间之外，个体就不愿表现得完美。

这些情况类似于婴儿的日常照料，但是直接观察母亲和婴儿远比研究治疗性情景更不容易。

9

出生体验

我可以很肯定地说，目前人类还没有准确地认识到出生过程对婴儿的影响，甚至很难证明到底有没有影响。很多人会说没有影响，因为那时婴儿还不是一个可以被影响的人。我的观点是，足月产的婴儿在子宫中就已经是人了，它有能力获得体验和积累身体的记忆，甚至组织防御方式来应对创伤（例如由于无法适应而对环境影响做出反应，进而导致存在的连续性中断）。

根据这一观点，足月的胎儿在出生时就有或没有能力应对从未出生状态到出生状态这个巨大的转变。此时要记住的是，如果我们假定婴儿的出生是一件需要应对的事件，那么对于婴儿来说，出生是否会成为创伤性事件在很大程度上是不确定的。

我认为有必要假定一个正常的出生，即从未出生到出生的这个巨大转变不是创伤性的。

但问题是：这个词对于婴儿的心理发展意味着什么呢？正常的出生包括了三个主要特征：首先，婴儿感觉到了存在的持续性被粗野地打断（因为压力的变化带来的冲击等），不过婴儿已经有能力应对这种变化。其次，婴儿已经建立了对感觉和冲动的记忆，知道这些记忆是自我的现象，因为它们是正常的生命过程。最后，出生过程也不太异常，即出生既不是突如其来的，也不是无限延长的。基于以上三点假设，从婴儿的角度出发可以设想，在出生过程中是**婴儿自己**带来了从未出生到出生这一状态的变化，在生物学上婴儿已经准备好了迎接这种变化，而如果耽搁的话，就会影响婴儿的发育。我想指出的是，**婴儿能够感知到一系列的冲动**，并且朝着出生的目标前进。我们知道由于子宫收缩，婴儿生出来了。正是婴儿的冲动创造了这一变化和身体的发展，通常首先是头部，朝着未知的新的位置迈进。当然，婴儿肯定会在一个正常的范围内，对各种新的冲击感做出很多反应，因此存在的持续性会不可避免地重复中断，直到达到婴儿所能承受的最大限度。假定在婴儿看来，出生并不是一个无法承受的冲击，而是一个由变化和运动的冲动所带来的东西，这些直接带来了婴儿生命的活力。我们经常用“婴儿从没有呼吸的状态转变到有呼吸的状态”这样一个例子来说明出生过程是具有创伤性质的。

不过，我认为婴儿以前从冲击中恢复过来的经验，加上其已经做好了生理准备，使婴儿能够迎接真实的呼吸这个转变，并且实际上，过熟儿在出生时可能就已经遭受了因为延迟生产而带来的真实的呼吸延迟。相似地，早产儿可能又会失去一些有意义的出生经历。

剖宫产的婴儿是一种特例。就像弗洛伊德提出的一样，对剖宫产婴儿的焦虑类型的研究也许可以间接地阐明出生对婴儿的意义[①]。

假设有一个正常的生产过程，既不会太仓促，也不会耽搁。剖宫产的婴儿，虽然在某些方面比其他婴儿更幸运，但是也因为被剥夺了自然出生的经历而失去了一些东西。最重要的可变因素是延迟，这在生产过程中是经常发生的事情，因为在我们的文化里，现在的母亲都在年龄很大时才开始生小孩；加之来自于文明的抑制，以及人类婴儿头部巨大的事实，导致了很多正常的生产过程实际上并没有发生。超出婴儿承受范围的轻微延迟还是很常见的，临床上会发现，这里存在智能中对时间、被包裹起来的时间以及时间感的发展感兴趣的基础。许多人将出生过程中的身体记忆当成无法理解的延迟的例子，因为对婴儿来说，没有应对延迟出生影响的经验，也没有标准来评估延迟或预测后果。在延迟出生的过程中无法让婴儿知道半小时左右就可以搞清楚出生过程，因此婴儿感到被卷入了不确定的或“无限的”延迟中。这种痛苦的经历形成了强有力的基础，就像听音乐一样，即如果没有严格的框架，在一开始，听众不会知道结尾是什么。没有框架的音乐是乏味的。对那些婴儿期发生过无法理解的延迟，而又特别关注这种焦虑的个体来说，无定形是极其乏味的。有着清晰结构的音乐能保证各部分间彼此有区别，各有其不同的价值。

这是一个非常复杂的例子，很多人都不能用形式来对抗无

[①]与 John Rickman 的私人对话［来自弗洛伊德］。
［参见参考文献（Freud，1905）］。

限。对他们来说，除非感到无聊，否则从时间上对一个精确程序进行粗糙的描述是有必要的。无限的延迟通常见于不太正常的生产过程。对一些婴儿来说，能够预见到一些可能发生的事情是非常重要的，他们能够从厨房传来的声音预料到会有人来喂他们食物，或者通过理解母亲为什么无法将他们按时生出来而最终解释出生的延迟。

在出生的过程中，主要的改变是从不呼吸到呼吸。我的临床经验表明，婴儿可能会通过感受母亲肚皮的起伏运动，或者通过压力或声音有节律的变化，从而意识到呼吸；出生后，婴儿需要重新与母亲的生理功能建立联系，特别是和她的呼吸建立联系。因此，我想可能必须要允许婴儿赤裸地和母亲接触，特别是可以被母亲活动的腹部所带动。可能对于刚出生的婴儿来说，有意义的是母亲的呼吸，而自己快速的呼吸是无意义的，除非它开始接近于母亲呼吸的频率。当然，婴儿不知道自己在干什么，他们与节奏玩耍，并且仔细观察会发现，有时婴儿会让自己呼吸的频率跟上自己心搏的节律（例如四次心搏，一次呼一次吸）。稍晚些，我们会发现，他们可以处理自己呼吸频率和母亲呼吸频率的不同，这种关系基于开始时婴儿的呼吸频率是母亲呼吸频率 2 倍或者 3 倍。

顺序可能是：婴儿在子宫内意识到母亲的呼吸，然后婴儿在子宫外意识到母亲的呼吸，最后是婴儿意识到自己的呼吸。毫无疑问，如果在特殊的情况下，并没有特别的原因使婴儿意识到呼吸，那么生理决定了呼吸，孩子呼吸着然后意识到了呼吸，没有比这更有趣的事了；不过，这不一定是正常的，它可能属于心理发展缺陷。不过因为人有不同的类型，可能对很多婴儿来说，呼吸不是一件很重要的事情，因为他们还有其他更感兴趣的东西，例如逼真的想象或听觉或运动等类似的东西。

在我们看来，异常的出生对婴儿而言意味着延迟的分娩。大多数成年观察者所知道的并发症对即将出生的婴儿来说是没有意义的。证据表明除了延迟，婴儿把其他认知到的事物都进行了归类，这可能是因为收缩痛太剧烈，或者存在的持续性被打断的时间太长。此外，新生儿容易因皮层挫伤而出现惊厥发作，通常我们可能称之为“暂时的意识丧失”，而没有生理基础。这可能为他们后期的“离开”阶段的发展提供模式。似乎只有一定的出生创伤才能构成婴儿的经验，并且最坏的经验不是严重的干扰所导致的无意识，而是来自于一种诱发性情境，在这种情境下，只有重复的发展，没有太大的压力，同时也反复地没有结果。

因此，如果提到的这些或多或少是真的，那么用来描述新生儿的“正常”这个词就有了非常真实的含义。

当然，绝大部分婴儿出生时都不是一个非常正常的状态，他们对早期的照料技术要求很高，此时母亲可以为婴儿提供一个近似于子宫内的环境。似乎出生后被安静地抱着是婴儿的一个基本需要。这可能不只是因为皮肤对触感和温度的变化非常敏感，而且也符合普通心理学的理论。

对于那些经历了让人特别焦急的生产过程的婴儿来说，出生后需要及时获得细致的护理，要在最简单的状态下生活一段时期，要么被抱着，要么是类似的行为。当然，清洗新生儿或者给他（她）洗澡的想法并不是在所有情况下都合适。许多婴儿都需要一段时期来恢复安宁，或者恢复对存在持续性的感觉，那样他们才能重获活力，甚至可以寻找食物。对母亲而言，出生后能及时看到自己的孩子并且触摸孩子是非常有价值的，有些母亲觉得这太重要了，以至于在黄昏的时候小睡一会儿都是不行的，当然这需要她们在婴儿出生后就马上恢复过来。不过，认为所有婴儿一出生就马上需要母亲，这一看法是错误的，因为婴儿也需要恢复很多曾经有过的经验。可能对一些内容的认识还不是很充分，例如母亲和没有被太多干扰的婴儿在彼此的皮肤接触中，或在母亲的呼吸所带动的婴儿呼吸中，都可以获得很多感受。尽管“正常”这个词包含很多种不同的可能性，但毫无疑问都包括立即对哺育感兴趣。

我认为不能简单地将出生经历所导致的婴儿困扰归结为脑膜撕裂或者血液流到椎管中。这些身体上的创伤经常发生，有时身体的状态决定了当时的情况，但是在正常情况下，不会有太多的身体创伤，以至于母亲和婴儿的情感需要被中断。

出生体验是一个真实的经验，或换句话说，婴儿已经准备好了要经历出生。这似乎可以在下面的现象中得到最好的印证，即几乎所有孩子都从某些包含了出生过程的活动和游戏行为中获得了巨大的快乐（成人也一样）。我们再次看到正常的出生过程对婴儿来说是有意义的，因此在母亲被麻醉而处于严重昏迷的状态下出生的婴儿，可以说错过了一些东西。

有人证明了出生过程带来的身体记忆，但是他们仍然不相信出生时个体就有能力获得这些经验。这些人尝试找到一种方法来解释这种困境，因此他们假设存在种族潜意识，一种继承的关于出生的记忆，来自于无数祖先出生的经历。不过，种族潜意识的理论只能简单地作为一个佐证，来证明个体发展过程中非常有趣又非常重要的现象和个人经历的记忆。

不能确定当弗洛伊德观察到个体的出生经历可能决定了（或至少部分决定了）焦虑的类型时，他本人是否相信每个人都保留着自己出生过程的记忆，或者他会不会假定有种族潜意识存在。可能他一开始会相信有种族的记忆，然后会从个体历史上思考更多。

非常明显的是，以我之前假设的方式，如果婴儿在早期阶段有能力拥有经验的话，那么当出生过程被延迟时，婴儿会感到呼吸非常不舒服，特别是当脐带受到压迫或者脐带绕颈时；因此，婴儿在能呼吸前会有部分窒息。

这些考虑虽然困难，但却为详细的病史采集提供了一种思路。以恰当的方法从母亲那里收集的病史表明，根据母亲母乳喂养的方式不同，婴儿开始本能生活的能力各不相同（除外身体状况不佳）。母亲的喂养能力取决于她自己的心理和历史，以及母亲乳房和乳头的生理状态，这些都需要全面考虑到，但是，当母亲和婴儿最终开始建立关系时，两个婴儿的状态也很难相似。如果母亲准备好了，婴儿就准备好了，则我们认为这个婴儿是正常的；然后，我们可以用“异常”这个词来描述不同程度的易激惹状态，例如我们发现尽管母亲照顾其他的孩子是没有困难的，但她却无法喂养特定的某个孩子。

似乎有些婴儿天生就很偏执，我指的是婴儿处于一种预期到被迫害的状态中，然而其他婴儿可能不是这样的。我们很容易认为，偏执的婴儿天生有一种倾向，或表现出天生的因素，但是按照这种方法讨论的话，首先必须要研究婴儿的背景，必须全面地考虑到因为婴儿的不成熟而导致的局限性。我已经描述过偏执性格可能是天生的而不是遗传的。

对那些不相信个体在早期阶段会有人性的人来说，没有别的选择，只能接受天生的因素，因为毫无疑问的是，有些婴儿从一开始就非常“困难”。

已经发表的关于精神分析的理论首先都是基于对成人神经症的研究，在这些理论中我们经常会看到，好像生命是从婴儿得到第一次哺育开始的。当然这肯定不是事实，并且我们欢迎任何有助于理解第一次接受哺育的婴儿以及出生过程的研究。没有必要一次性了解所有的事情。但问题是：研究这个课题的最好方法是什么？显然，答案是：对婴儿进行直接的观察。不过，还是有很大的困难，因为除非能够看到婴儿的身体和观察婴儿的行为，否则不可能观察到婴儿。可能对婴儿期非常早期的需求最有说服力的研究来自于对精神分析的患者进行的观察，这些患者在心理分析治疗过程中出现了退行。根据我的经验，通过连续追踪边缘型人格障碍的病例，对稳定的退行进行观察，可以学习到很多知识，也就是说，个体自身必须在治疗过程中达到精神病类型的状态。病得更为严重的患者，即那些除了心理治疗之外，分解成各种疾病的退行类型的患者，对以上研究而言是没有多大帮助的；不过根据 Rosen 的研究，在治疗病得不那么严重的患者时所运用的一些原则性的方法，对那些在精神病院住院的退行患者会起一定的作用。即使 Rosen 所说的作用并不持久，但也足以证明对精神疾病进行的研究与对发展中的个体非常早期的心理历史进行的研究是相似的。

换句话说，正是对个体情感发展早期阶段的研究，为如何使个体避免患精神疾病提供了线索。因此，没有比研究在早期与环境密切联系的个体更为重要的事情。这符合普通科学探索的原则、精神科及心理治疗的诊断和处理原则，以及哲学的原则，即我们应该有勇气逐步加深对人类本性的认识。

10

环　境

研究环境是不可能的。成熟的环境由个体组成，而且男性和女性都需要做出贡献。在一个团体中，如果成熟的个体比较多，那么它就为所谓的民主提供了基础。如果成熟个体的数量少于一定比例，民主就不会实现，因为不成熟会动摇一些事情，也就是说，那些对团体认同的个体失去了自己的个性或他们对人的态度取决于社会，没有自己独立的观点。

在观察**青少年**时我们看到，随着团体扩大，个体能够在不丧失个人身份的情况下与团体认同。团体的基础是家庭生活，并且我们知道，如果原生家庭能持续存在，青少年就能非常方便地反抗和利用原生家庭，进而可以对他人和范围更广的团体进行试验，而不会失去有历史渊源的原生团体，即在潜伏期之前的形成初期就存在的团体。在**潜伏期**的孩子会因为家庭解散而受到非常大的影响，因为在那个时候，他们不应该被这些事情困扰；他们认为环境是理所当然存在的，并通过教育、文化以及游戏和各种类型的个人体验来丰富自己。

在**潜伏期之前**以及能够在完整的个体之间建立人际关系之后，存在非常重要的情感发展阶段，家庭环境对处在这个阶段中的男孩和女孩来说特别重要。如果家庭环境是建立在父母双方关系和谐的基础上的，那么孩子就能够处理三者之间发生的各种情况：本能得到充分发展，异性恋和同性恋都可以去想象，并且可以接受充分的恨、纯粹的攻击性以及残忍。以上所述最后都因为家庭以及父母联合的存在而产生，因为兄弟姐妹的出生、生存以及生病或者死亡而出现，也因为父母区分现实和梦想的能力而产生。

不过，虽然家庭环境在这个阶段非常重要，却并非必不可少。也许以下说法更合适，即随着时间的推移，以及当孩子能够利用其他的三人情形来充分处理他或她所拥有的感觉时，家庭环境就逐渐变得不那么必不可少了。可以说，一旦孩子有了在完整的个体之间建立人际关系的能力，那么，即使家庭环境突变，只要有其他替代物来替代这个突变的环境，并且避免了混乱，孩子还是可以应对的。对孩子来说，承受父母死亡或从父母死亡中恢复过来，比处理由父母之间情感不和所导致的复杂情形更容易。可能有人会说，家庭的分裂一定会扭曲男孩或女孩在前潜伏期的情感发展，但这在很大程度上取决于孩子以前的情感发展状况。干扰的类型是以这样的顺序呈现的。例如，当家庭分裂时，年长的孩子可能会承担起照顾婴儿的责任，而且可能做得很好，但这是有代价的，因为如此沉重的责任不应该降在如此年轻的肩膀上，即便孩子仍然是孩子，甚至会因为学会承担责任而在某些方面变得充实。在这个时期，孩子还只是刚刚能够应对和父母的分离，并且区别以下两种分离很重要，一种意味着运用三角关系的替代者——例如和一个阿姨待在一起，另一种分离意味着将孩子从已知的三角关系中带入到没有私人感情的处理上来，例如当孩子有必要住院的时候。在这个年纪，孩子不只参与到环境模式中，而且还建立起了一种预期的人际模式；人们已经注意到孩子会逐渐发展出“内部环境”，这样，随着时间流逝和自身的不断成长，孩子能够忍受环境不利，并能够以一种积极的方式来组织和建立一种自己所期待的情感环境。请记住，当孩子能够喜欢三角关系的替代品时，就是为练习新能力提供机会的时候。孩子生活的基础仍然是三角关系，在这个关系中，孩子与父母双方相联系。有人认为让2岁的孩子运用三角关系的替代品并不安全，并且这个年纪的孩子肯定还没有准备好离开已知的三角关系进入到没有私人感情的处理中。

对于那些住院的孩子来说，基本的日常探视是最近几年才普遍存在的，它也是孩子简化情感环境的一种需要。可以说，2岁的孩子经历了更早期情感发展的复杂情况后已经发展得很好了，但还没有准备好应对不带私人情感的照顾，医院中生理上的良好照顾是不够的；因此，当孩子住院时，父母至少一方必须保持与孩子的关系，或者如果很不幸，孩子由于一些身体上的残疾需要接受技能训练治疗，则他（她）在医院中必须能有机会发展出一种替代关系，用来代替其与父母之间的三角关系。

如果对年龄不做精确的要求，我们可以看到，许多5岁左右的小孩能够利用来自家庭以外的经验，但是一个2岁的小孩肯定会被家庭的分裂所伤害，这意味着父母联合的存在是这个简单状态的基础。

在更早期的阶段，这里我同样没有对年龄控制得很精确，当孩子巩固在情感发展过程中达到了抑郁位态时所获得的成就时，有必要考虑环境的影响。如果我们把目光放在再早一些的时期，就会发现环境变得越来越重要。尽管孩子已经2岁，很正常，也能处理父母之间复杂的关系，但我们还是发现环境必须是足够好的，并且必须得以保持。当我们回顾更早期，思考抑郁位态时，我们知道婴儿如果不能得到特定的人的持续照料，那么婴儿的发展就会失败。现在这成为婴儿和母亲或者母亲的替代者的一个问题。母亲必须能够及时出现并且掌控环境；母亲不仅仅提供一种持续的生理上的照顾，在一段时期内她的态度还要能够保持一致，母亲还必须能够忍受婴儿日复一日地不断重复体验与本能冲动相关的焦虑，以及经历了这些体验之后的修通和在修通阶段之后与母亲建立新的关系。如果没有人扮演这个角色，那么虽然婴儿能够活下来，但他们却遗漏了情感发展中的某些非常重要的东西，后果则是躁动不安、没有能力关心他人、缺乏深度，并且不能进行建构性游戏，最终没有能力工作；这一结果是个体和社会都不愿意看到的。

前文已经描述过，母亲或者母亲的替代者的特殊功能是**引导婴儿认识外在的世界**，并且实现关于关系的幻觉。可以说，母亲照顾的这个方面对于真正的母亲而言并非十分特别的功能，因为如果这个功能运用成功了，那么婴儿能获得生活的能力，而与之相对的是在抑郁位态中修复的能力，首先对母亲自己来说，这种能力非常重要。尽管如此，仍应敏感地适应婴儿的需要，从而使婴儿与外在现实的联系有一个好的开始，这使得婴儿在真正的母亲的照顾下才会呈现出来的状态成为必需。

一开始所需要的适应程度非常强烈，以至于只有为完成好这个任务做好了准备的那个人才能做到，而这个准备则是自然而然地通过怀胎九月形成的。在怀孕期间，母亲逐渐变得能够在一定程度上和婴儿认同，而这种认同如果不是因为怀胎九月，即使是对同一个母亲来说，也不可能在婴儿刚出生后的几周内做到。

当探索促使整合及心身合一的因素时，环境和一般的身体照料可以看作是爱的表达。如果此时技巧比人际关系更重要的话，那么母亲就没必要必须成为婴儿的唯一照料者。换句话说，如果照料婴儿的技巧是非常好的、娴熟的，那么是谁使用这样的技巧就不那么重要了。此外，应记住多种不同的照料技巧会使婴儿变得混乱；可以说，对于非常小的婴儿来说，一个人的技巧就已经够多变了，并且在不引起混乱的情况下，已经达到婴儿在极早期可以承受的上限。由机构带大的婴儿在整合和心身合一两方面的发展好于其与现实的初步接触，并且如我所指出的，在关爱方面，这些婴儿的发展都不够好。然而，情感发展的不同方面彼此交织，将它们截然分开完全是人为的做法。

在更早的时候，个体卷入到一种感觉不到时间、意识不到整合连续性的状态中，此时即使发生了整合，个体也觉察不到，而且也没有能力感觉到依赖。同时，用来理解适应性失败的智能也没有发展起来，并且也不能通过想象性加工来获得释放。

在这一早期阶段，很多力量在起作用，不过主要是什么样的力量在起作用是非常重要的，因为事实上在原始的粗糙状态下没有任何释放，只有简单的经济因素，如果没有特定的条件，就会发生扭曲。当我们回到最早期时，我们直接指向的是个体与环境的完全融合，这已经被运用到了原始自恋中。在这种状态和人际关系之间存在着一种中间状态，这种中间状态非常重要，是在生理上照料婴儿的母亲与婴儿之间的状态，同时我们必须认识到，它既是母亲的一个方面，同时也是婴儿的一个方面。虽然这种观点很疯狂，但是必须有这样的观点。这里用一个形象的比喻来形容出生之前的生理状态：有一个婴儿存在于母亲的身体内。子宫内是一个由受精的卵子发育而来的整体。子宫内膜变得很特别，准备与胎盘结合。因此，在母亲和婴儿之间就有了一层羊膜囊以及胎盘，还有子宫内膜。也不需要过分地比喻，虽然在生理上，母亲和婴儿之间确实有一系列的物质基础，并且它们绝对是必需的，直到最终母亲和婴儿彼此分离。那时，这一系列的物质就与母亲和婴儿都脱离了。要描述这个阶段实在是太困难了，但我们作为观察者，却发现很容易理解母亲在哪里结束，婴儿从在哪里开始。在个体心理学中，关系有一个很重要的方面，即在最亲密的联系中缺乏接触，以至于基本上每个个体都总是或永远保持着完全隔离。身体上的比喻是真实的，卵子是母体内的一个寄宿者，而不是母亲的一部分，在受精后就逐渐形成了一个独立的组织；从生物学上来说，婴儿出生时，母亲除了与胎盘混合在一起的子宫内膜以外，什么都没有损失。

我故意使用了“疯狂”这个词，因为关于发展中的人类的理论认为，从原始自恋到客体关系的发展，都一再强调这些中介物质。婴儿出生之后，这些结合在一起后又分离的物质就被客体和现象所代替，也就是说，这些客体和现象是婴儿的一部分，同时也是环境的一部分。只是逐渐地，我们要求发展中的个体充分承认外在现实和内在的心理现实之间是有区别的；确实在成年男性和女性的文化生活中，有这些中介物质的痕迹，事实上，这些物质正是最能清晰显示人类与动物不同的东西（信仰、艺术、哲学）。

在所有这些出现之前，有一种**原始自恋**的状态，或者说我们可以从这种状态中看到婴儿周围的环境，并且看到婴儿成了一个单元。在这里需要用到“环境 - 个体关系的建立”这个术语。我们所认识的环境没有必要被提到，因为婴儿还没有办法认知到它，的确，个体那时还没有发展到那一步，还没有从整体的环境中分离出来。当重心逐渐转移到整体，直到我们（旁观者）可以很容易地看到婴儿的存在时，那么健康的情感发展就又有了新的收获。

在这个非常早期的阶段，我们必须假设，如果要开始健康地成长，并且生命的重心倾向于远离环境，而朝向胎儿所在的位置，那么环境就必须百分之百地适应身体方面的需要。从身体上来讲，母亲成了关系建立过程中的环境因素。

我们尝试着描述与情感发展各个阶段相关的环境因素。不过，为了充分理解，我们必须记得，**早期阶段是永远不能放弃的**，因此，在对各个年龄的个体开展的研究中，我们都会发现所有原始的要求及后期对环境的要求；在对儿童的照顾以及心理治疗中，需要一直关注当时儿童的情感年龄，以便提供恰当的情感环境。

当我们在这些早期阶段观察婴儿的情感发展时，我们会感到所有东西都不确定。幸运的是，绝大部分环境中的照料都是在身体方面的；一开始，是本能以及母亲特殊的定位（而非通过理解和知识）使重要事件有可能发生，除非母亲生病了。不过，需要强调的是，**退回到更早期的依赖阶段**意味着痛苦，也意味着导致依赖的不安全感。可能这并不是最初发展正常进行的一个特征。在疾病中或者在心理治疗的过程中，都有可能发生退行，并且退行到婴儿期的状态是具有治疗性质的，通过退行来感受那种强烈的、与依赖相关的痛苦，使其成为可以忍受的痛苦。与母亲相比，心理治疗师的笨拙使患者能在严格控制的治疗情境下愉快地退行到依赖状态是不可思议的。

对子宫中美妙时刻的想法（身处海洋的感觉等）可导致对依赖进行否认。任何伴随着退行的快感都来自于对完美环境的想法，与之相对的是，正如对于退行的儿童或成年人而言一样，环境非常糟糕，以至于无法生存。

11

对心身障碍的反思

现在我们可以回顾一下心身障碍的理论了。我们在考虑心身障碍时，需要记住个体情感发展的内容，然后一点点地找到生理和心理因素之间的关系。我将举一些例子来描述这个过程。

哮喘

（a）在哮喘案例中都有一些生化的因素，但它们的作用机制尚不清楚。过敏症这个词，除了说明哮喘伴随着个体的某个部分对某种特定蛋白质敏感以外，对我们也没有太多的帮助。在某些病例中，在开始阶段，生理方面的因素会比较重要。如果假设在某种情况下，起因是生理因素，那么很快就会叠加上心理因素，当然这种叠加因人而异。如果不是因为哮喘导致的变化及对哮喘易感的话，人是不太可能患哮喘的。

（b）各种研究显示，哮喘与环境因素相关。通常认为，母亲会对哮喘及其他症状进行过度的处理和照顾。如果这些研究是准确的，那么认识到该理论中有关持续的外部不良因素未必是根本原因这一点是很重要的；始因可能是母亲在某些特别重要的早期阶段过度照顾，也可能不是。无论如何，充分理解伴有强大的外在不良因素的哮喘时，有必要理解在母亲想要过度照顾的冲动下压抑的潜意识对每个儿童的影响。这肯定是多变的。考虑到要将儿童看成是一个完整的关注人际关系的人，哮喘有时正好与不同时期的外在压力相关，例如又一个孩子出生，或者抑郁症给孩子带来的无法承受的情绪负担；不过，其他孩子却可能有尿床的问题，或者有其他的痛苦表现。哮喘出现的原因跟深层次的因素有关，这些因素有些是已知的，有些是未知的。

对有哮喘的孩子进行分析时，如果分析师能一直在人际关系以及爱和恨之间的冲突水平上工作，那么将会发掘出大量有价值的材料。孩子发展出了内省力，变得能够允许哮喘发生，或者甚至可以通过采取一些方式和步骤来避免哮喘发作。尽管如此，保持在这个水平上的分析未必能成功地消除患者的哮喘症状，但可能会成功地让孩子在性格和人格及自由的普通关系方面都有所发展。在这个水平上的分析不会揭露哮喘的本质。在一个治疗中，考虑到了婴儿和母亲之间关系发展中的特殊点，也就是所谓的情感发展过程中的抑郁位态，那么对孩子来说，哮喘的含义也就变得越来越清楚。对于胸膛里有什么，以及关于胸膛、肚子或已成为一个单元的心理本质的各种问题，孩子都可能产生丰富的幻想。处理强烈的内在斗争及控制自我中好的和邪恶的力量——这些及所有其他现象都导致了过分担心自己健康的焦虑，孩子对此有意识是有价值的，同样这也有助于我们理解。

但是，我们仍然不清楚哮喘的本质是什么。在使患者退行到高度依赖状态的分析中，以及在分析性的情境中和移情性的关系中，患者在特定时刻或者阶段表现得像婴儿一样。尽管必须承认还有很多需要理解的东西，但有更接近哮喘本质的方法。婴儿会重新体验到刚出生时的呼吸问题及出生过程。非常重要的身体记忆出现了，呼吸器官的生理障碍在治疗过程中出现了，这些都不可能在之前的记忆中获得，甚至在梦里也很难获得。但是，哮喘的线索还是没找到，因为这些身体有关呼吸困难的记忆不一定会导致哮喘，而可能与支气管炎以及各种其他的呼吸障碍及哽咽感觉等相关。一直要等治疗到了个体情感发展中非常早期的阶段时，干预哮喘才变得比较合适，例如当患者为了生存建立一个真实的自我，并且处理存在于身体中的真实自我时。这样，“灵魂”这个词与“呼吸”这个词之间语言上的连接就变得比较明显了。在与逃避真实的或隐藏的自我相关的焦虑病例中，我们会发现，患者无法忍受呼气和吸气，在尖叫和哮喘中，个体会在自由呼出和吸入之间产生冲突，并且对出入新建立起来的心灵单元的物质缺乏控制产生焦虑。婴儿湿疹与哮喘之间的关系已被发现，但这一点在心理学上却没有被很好地理解，只有我们能够从心理上理解二者之间的关系，它们共同的生理基础才能被阐明。

在对哮喘的简短回顾中，我尝试着使用不同的心理学方法，而不完全是陈述哮喘心理学这个主题。

胃溃疡

如果我们讨论胃溃疡这一主题，就会再次运用到同样的方法。不需要讨论导致胃溃疡的纯粹的生理原因。在环境方面我们可以看到，胃溃疡的案例中有很大的比例存在由环境导致的持续情感应激。在这些案例中，去除掉外界的负面因素成为躯体治疗中很重要的一部分，而且治疗必须是躯体上的，因为存在生理上非常危险的损害。例如，在住院治疗中只喝牛奶，每次进食少量食物，此外，必须记住将患者与其家庭环境分开，并且要使其从工作的焦虑中脱离出来。如果这些焦虑没有得到解决，生理上的治疗就有可能失败。患者对医生和护士的信任是至关重要的，这也是处理患者疾病的一部分，可以替换掉患者生活中持续存在的不利外界因素。顺便提及，治疗可能还包括终止患者的某些不良嗜好，当然这些嗜好也都有心理原因。

在与完整的个体之间的人际关系方面，如果深入研究，我们会发现很多东西。我们可以获得幻想和梦的全部内容，会观察到各种不同的交互识别。在这个水平上对患者进行分析，有可能减轻患者的焦虑，让患者通过“再体验”变得有能力应对环境因素，这个“再体验”是指再次体验已经忘记的早期的不幸经历。对抑郁位态进行分析揭示了很多这样的情况，特别是隐藏在核心的慢性抑郁所带来的防御性情绪。这就是所谓的儿童期普遍存在的焦虑不安或者轻躁狂，在精神分析理论中，不安被认为是对抑郁的一种躁狂性防御；持续的过度活跃和欢欣鼓舞导致了生理上的改变，这种改变可以很轻易地对诸如胃酸过多之类的情况造成影响。还发现了各种冲动性嗜好以及一些轻微障碍（例如飞快进食、选择食物不明智等）的来源。胃溃疡并非由其中任何一种原因导致，而是很多因素在一段时间中共同起作用所导致的。根据胃溃疡是否现在才有，以及是否本来就有一些易致慢性溃疡的条件，对患者采用不同的分析。对于前者来说，患者会根据内心世界的幻想而给溃疡赋予重要的含义。在一定比例的案例中，虽然通过对爱和恨之间的冲突、人际关系和俄狄浦斯情结所致的焦虑进行分析，使疾病得到了很好的缓解，但最终发现疾病的核心是潜藏在高度躁狂情绪下的抑郁。我们没有特别的理由来期待通过对更为原始的方面进行分析从而了解胃溃疡及其治疗，尽管可能在任何一个案例的背后，都可能潜伏着精神疾病。

关于心身疾病，有一件事我们始终要牢记，即生理方面的疾病是心理疾病在身体上的表现。这是非常重要的防御，防止个体陷入纯粹的理智，即避免丧失心身对个体的重要意义。因此，“原始”这个术语所描述的非常早期的现象可能在研究心身疾病的案例中变得非常重要，包括对胃溃疡的理解。

需要提醒大家的是，对近期外部因素的研究也能得出具有统计学意义的结果，但是很容易误导人。

附　录

大纲 I

1954 年 8 月

引言

I

仔细检查人类儿童

　　身体、精神和心理

健康、不健康

躯体疾病和心理障碍之间的相互关系

心身领域（初步研究）

II

人类的情感发展

A．人际关系

B．关心、愧疚、修复

C．原始阶段

A．人际关系

本我、自我、超我

婴儿性欲

本能、性器期和性器前期

焦虑

防御机制

被压抑的潜意识

就本能理论而言关于健康的概念

B．关心阶段

情感发展的抑郁位态（克莱恩）

内在世界的主题

退缩状态：关于全神贯注和专注

偏执状态和忧郁症的焦虑

精神分析素材的四种类型：

1．与外部世界的关系，想象性加工

2．内在世界的相互关系

3．智力的衍生物

4．过渡性现象

考虑：进行精神分析的环境

安静 - 兴奋状态

原始的和前原始需求

C．原始的情感发展

（a）与外部（共享的）世界建立关系

理论上的第一次哺育

幻觉和过渡性状态的价值

假性自体：正常和非正常方面

照料者本身

人格面具（荣格）

（b）整合。达到单元状态

（c）寄居身体的心灵

（d）最早期的状态

最早期的示意图：环境 - 个体结构

出生体验

存在的原始状态

从空虚中产生的混乱

Ⅲ

环境的演变

研究顺序（1）功能的想象性加工

幻想

内在现实

（2）内在现实

梦

幻想

想象

} 记忆、创造性艺术、游戏、工作

儿科心身主题的发展

与以下所列内容的关系：(1) 正常功能

(2) 神经症

(3) 情感障碍

(4) 精神病

过渡性客体和现象

Ⅳ

反社会行为

与环境失败相关的犯罪

被剥夺的儿童

Ⅴ

潜伏期

前青春期

青春期

成熟期

大纲 II

引言　　对人类本性的研究

第一部分

Ⅰ

仔细检查人类儿童

身体、精神和心理

身心与心理

不健康

躯体疾病和心理障碍之间的相互关系

心身领域

Ⅱ

人类的情感发展

计划：（倒叙）

人际关系

建立单元状态

最重要的任务

与依赖后遗症的交织

第二部分

导言　　单元状态的建立

结果：　　关心

内疚

精神内在现实

抑郁位态：　　就抑郁而言的压抑

内在丰富——一个新的概念

内在世界主题　　偏执的生活方式

情绪障碍中的抑郁

躁狂性防御——躁狂症

各种类型的心理治疗素材

忧郁症的焦虑

第三部分

自我理论

与外部世界的关系

现实： 游戏

创造性

整合

寄居处

环境

参考文献

All books are published in London unless otherwise indicated.

Abraham, K. (1924) "A Short Study of the Development of the Libido, Viewed in the Light of Mental Disorders", in *Selected Papers on Psycho-Analysis*. Hogarth, 1927.

Aichhorn, A. (1925) *Wayward Youth*. Imago, 1951.

Balint, A. (1931) *The Psycho-Analysis of the Nursery*. Routledge & Kegan Paul, 1953.

Freud, A. (1926–27) *The Psycho-Analytic Treatment of Children*. Imago, 1946.

—— (1936) *The Ego and the Mechanisms of Defence*. Hogarth, 1937.

Freud, S. (1900) *The Interpretation of Dreams*, in James Strachey, ed. *The Standard Edition of the Complete Psychological Works of Sigmund Freud*, 24 vols. Hogarth, 1953–73 vols 4, 5.

—— (1905) *Three Essays on the Theory of Sexuality*, *S.E.* 7.

—— (1917) *Mourning and Melancholia*, *S.E.* 14.

—— (1923) *The Ego and the Id*, *S.E.* 19.

—— (1926) *Inhibitions, Symptoms and Anxiety*, *S.E.* 20.

—— (1931) *Female Sexuality*, *S.E.* 21.

Glover, E. (1932) *On the Early Development of the Mind*. Imago, 1956.

Gorer, G. and Rickman, J. (1949) *The People of Great Russia: A Psychological Study*. Cresset.

Guthrie, L.G. (1907) *Functional Nervous Disorders in Childhood*. Oxford University Medical Publications.
Henderson, D.K. and Gillespie, R.D. (1940) *A Textbook of Psychiatry for Students and Practitioners*, 5th edition. Oxford University Medical Publications.
Jackson, L. (1954) *Aggression and Its Interpretation*. Methuen.
Jones, E. (1927) "The Early Development of Female Sexuality", in *Papers on Psycho-Analysis*, 5th edition. Baillière, Tindall & Cox, 1948.
Klein, M. (1932) *The Psycho-Analysis of Children*, in *Collected Works*, vol. II. Hogarth, 1975.
—— (1934) "A Contribution to the Psychogenesis of Manic-Depressive States", in *Collected Works*, vol. I.
Middlemore, M. (1941) *The Nursing Couple*. Hamish Hamilton, 1941.
Money-Kyrle, R.E. (1951) *Psycho-Analysis and Politics: A Contribution to the Psychology of Politics and Morals*. Duckworth, 1951.
Ophuijsen, J.H.W. van (1920) "On the Origin of the Feeling of Persecution", in *Int. J. Psycho-Anal.* I.
Rivière, J. (ed.) (1952) *Developments in Psycho-Analysis*. Hogarth, 1952.
Rosen, J. (1953) *Direct Analysis: Selected Papers*. New York: Grune & Stratton, 1953.
Spence, J. (1946) "The Care of Children in Hospitals", in *The Purpose and Practice of Medicine*. Oxford University Press, 1960.
Spitz, R.A. (1945) "Hospitalism: An Inquiry into the Genesis of Psychiatric Conditions in Early Childhood", in *Psycho-Analytic Study of the Child*, I.
Winnicott, D.W. (1945) "Primitive Emotional Development", in *Through Paediatrics to Psycho-Analysis*. Hogarth, 1975.
—— (1949) "Mind and its Relation to the Psyche–Soma", in *Through Paediatrics to Psycho-Analysis*. Hogarth, 1975.
—— (1949) "Weaning", in *The Child, the Family and the Outside World*. Harmondsworth: Penguin, 1964.
—— (1950) "Some Thoughts on the Meaning of the Word 'Democracy'" in *Home Is Where We Start From*. Harmondsworth: Penguin, 1986.
—— (1968) "The Use of an Object and Relating Through Identifications", in *Playing and Reality*. Harmondsworth: Penguin, 1980.